知ってラクになる！

発達障害の悩みにこたえる本

株式会社Kaien代表取締役
鈴木慶太

株式会社Kaien教育事業担当
取締役 執行役員
飯島さなえ

大和書房

Q.

発達障害の子を持つ親です。
将来のことを考えると、
不安で押しつぶされそうです。
親にできることは
なんでしょうか？

A.

発達障害のあるなしにかかわらず、社会が目まぐるしく変わっている時代なので、お子さんの将来へのご心配は当然のことだと思います。

ただ、お子さんがまだ小学生くらいならその不安が伝染することがないようにしてあげてください。将来働くにあたっては、人生を前向きに捉えられるような自尊心が重要です。

そして、幼少期から児童期にかけて、子どもにとって親は神様のような存在です。神様が自分の将来を案じていると知れば、小さい子どもでも不安を覚え、そしてそれは悪循環を生むでしょう。不安でも、心配でも、お子さんの前では「将来は何が起こるかわからないけど、楽しみだね」という顔をしてあげてください。

ちなみに、お子さんが高校生くらいなのであれば、親としての不安を率直に伝えるのもありだと思います。それには信頼できる第三者を見つけること。親が神様ではなくなったその時は、ひとりの人間として真摯に向き合ってあげてください。

発達障害の子を育てるあなたへ

親は常に不安です。
この子にどう接したらいいのか、
自分は間違った子育てをしているのではないか、
診断をどう理解すればよいのか――。
情報をいくら集めても、
我が子にピタッと当てはまる支援法がわからない……。

発達障害の子の子育てに希望はあるのか、
本心のところでは悩まれている方もいるでしょう。
特にこれからの日本では、
〝普通〟の人でも〝普通〟に生きていくことが、
難しい社会になることは明らかです。
そのなかでハンディキャップのある人が、
本当に楽しい未来を見通せるのか、
親はどこまでそのサポートができるのか、
確かに難しい問題に見えます。

しかし、私たちはこう考えています。

その道は苦しいこともあるけれど、
楽しいこともたくさんあるし、
そんなに悪い未来ではない。
助けてくれる人も、気にかけてくれる人も、
愛してくれる人も、
きちんといるものですよ、と。

これまで多くの人を支援し、
発達障害の人がたどる道を一緒に歩む中で、
自信を持って伝えられるようになりました。

本書の最も嬉しい読まれ方は、
常に本棚に置かれ、子育てで気になることがあった時に、
辞書を引くように本書を頼ってもらう、ということです。
ご自身の不安が言語化できるだけでなく、
その時その時の心がけや対応方法、

現実的な将来像が見えてくるのではないかと思います。

これらを「かすかな光」と
感じていただけるかどうか、
正直わかりません。
が、現実を見据えつつ、
希望を感じてもらえるきっかけ
になれば、と願っています。

知ってラクになる！　発達障害の悩みにこたえる本　目次

第1章 これだけは伝えておきたいこと

第2章 乳幼児の発達障害

第3章 小学生の発達障害

第4章 中学生の発達障害

第5章 高校生の発達障害

第6章 大学生の発達障害

第7章 就活のイロハ［発達障害編］

第8章 「何を仕事にするか」ではなく「どのように働くか」

第9章

大人の発達障害と仕事 〜ADHD、ASD、LD

はじめに

「Ｋａｉｅｎ」は発達障害の人の就職や自立を支援する会社です。２００９年に設立しました。「発達障害の人が長所を活かして自立し仕事をする」ことを目指して、大人向けの就労支援や子ども向けのデイサービス事業を展開しています。ただ私はもともと医療や福祉には縁遠い人間でした。大学では経済学を学びましたし、最初の就職先はＮＨＫ。その後、米国の大学院に行った時も、学んだのは経営学です。

そんな私にとって、Ｋａｉｅｎは3つのことが重ならない限り、とても考えつかないことでした。

1つ目は、息子が、発達障害と診断されたこと。

2つ目は、起業精神が旺盛なアメリカのビジネススクールで学べたこと。

3つ目は、「スペシャリスタナ」というデンマークの企業を〝発見〟できたこと。

発達障害との出会い

3歳だった息子が発達障害とわかったのは、2007年8月。私がMBA留学のために渡米するたった2日前のことでした。その時は本当にショックでした。涙が勝手に出てきて、とまりませんでした。なんでもっと早く気づいてあげられなかったのか、と自分と妻を本当に責めました。診断当初、まず思ったことは、子どもの分まで稼がないといけないな、ということでした。何億円かわかりませんが、息子が将来まったく就職できなかったとしても不自由のないよう、とにかくお金を稼ぐことに集中しようと思っていました。

しかし診断から数週間、数ヵ月経ち、心が落ち着いてくると、なにか違う、と思い始めました。お金が用意できて、息子の周りに冷たい世間との「塀」を張り巡らせることができたとしても、本当に彼は満足できる一生が送れるのだろうか？　と考えるようになりました。

息子には社会に貢献する人間になってほしいし、なれるはず。それが息子の生きがいにつながるであろうと。特に発達障害のことを知れば知るほど、その類《たぐい》まれな能力をうまく活用する手段があるはず、と感じるようになってきていました。

MBA学生との出会い

私の前職はNHKのアナウンサー。当然ビジネス経験はゼロ。英語も非常に不得手で、よくアメリカのビジネススクールに受かったなぁというような存在です。ただ周りには30歳前後のバランスの取れたアツイ人材がたくさんいました。優秀な同世代の人たちと学びあい、その後も交流を続けていることは、今も本当に刺激になっています。

アメリカでは、特に不況下では、新しいビジネスを起こして雇用を増やす、という考えが浸透しています。MBAの学生の中でも起業することは、メジャーな夢の一つです。こういったカルチャーの中にどっぷりつかりながら生活していたことで、**「発達障害の人を活用したビジネスモデル」**という、これまでの私では挑戦しようとすら思わなかったことを、本気で考え始めるようになったのだと思います。

「なにかヒントがないかな」といろいろな文献、ネットの資料を探すうちにたどり着いたのが、「スペシャリスタナ」でした。

「スペシャリスタナ」の発見

2008年5月末。ハーバード大学の資料を探していると、「スペシャリスタナ」という発達障害の人を雇用した企業についての文章を発見しました。手短かにこの会社を説明しますと……。

●デンマークの営利企業

- ソフトウェアのバグを探すソフトウェア検証の会社
- 顧客はマイクロソフトやオラクルなど世界の名だたるＩＴ企業
- ２００４年に創業
- 従業員の75％がアスペルガーなどの発達障害の人たち
- 創業者はThorkil Sonne（息子さんが発達障害）
- 1年目から黒字経営

こんな企業が世の中に存在するのかと本当に信じられませんでした。とにかく感動して、深夜にもかかわらず何度も文章を読み直したのを覚えています。世界のどこかには同じミッションを持った人がいるんだなぁとうれしくなりました。私はまったくソフトウェアの知識はないのですが、**「これが人生で僕が成し遂げたいこと」**と感じました。

すぐにThorkilにメールを打ち、数ヵ月後にデンマークを訪問する確約を取りました。まったくもってゼロからのスタートだったにもかかわらず、その後、様々なご協力を多方面の方から頂戴し、２００９年に株式会社Ｋａｉｅｎを立ち上げることができました。

全国随一の発達障害支援会社に

それから9年。大人向けの就労移行支援Ｋａｉｅｎは7ヵ所、大学生・専門学校生向けの

「ガクプロ」は3ヵ所、小中高生向けの放課後等デイサービス「TEENS」は7ヵ所に広がり、1000人ほどが通うサービスを提供する企業になりました。

就労移行支援Kaienは、職業訓練とビジネススキルなどの仕事術を教えるだけではなく、発達障害の人を雇いたいという企業を開拓して求人の紹介もしています。就職者数は全国平均の10倍ほど、その後の離職率も全国平均の10分の1以下です。発達障害の特性にあった環境を提供できるように企業に働きかけていることや、就労移行の利用の中で自分自身の凸凹に自然に気づき、対応できるようになっていることが実績につながっているのだと思います。また大学生や専門学校生向けには、ガクプロという発達障害の学生向けの内定支援塾を提供しています。

小中高生向けには放課後等デイサービスTEENS。平日の放課後は学習障害の傾向があるお子さんに自立の礎《いしずえ》となる基礎学力をつけてもらうため、独自教材を交えながら支援する時間です。週末はお仕事体験といって、就労移行支援の職業訓練を子ども向けにアレンジしています。発達障害のある子向けの「キッザニア」的な狙いと思っていただければよいでしょうか。仕事を学ぶだけではなく、仕事の楽しさや、グループワークで生じるコミュニケーションや社会スキルの獲得を目指しています。

〝空白地帯〟の親の支援

でも支援が大きく欠けている分野として、**発達障害の子を持つ親への支援**があります。当社の創業当時と比べると、世の中には発達障害関連の本が溢れていますし、ネットでもたくさんの記事を発見することができます。テレビで取り上げられる頻度も増えました。発達障害支援や子育て方法のセミナーも各地で毎週のように開催されています。情報は溢れているわけです。しかし、実際は我が子にあった子育て方法が見つからず、前に進んでいる気がしない日々に悩んでいる親御さんに多くお会いします。

当社もそういった声を聞きながら、親御さんやご家族向けのサービスができないものかと知恵を絞ってはいるのですが、これだ！　という決定的なサービスがまだ作れずにいます。そこで、せめてもの行為として、毎月数千人の方に送信している「ニュースレター」（メールマガジン）で、全国各地の方々から寄せられる子育てに関する質問にお答えしてきました。

たった数行の質問からすべてを読み解き、完璧な答えを紡《つむ》ぎ出すのは不可能です。しかしこれまで**1万人近い発達障害の子どもや大人の方々に接してきて、ある程度の将来像というものが映像のように見える**ことは多くあります。その映像を伝え、将来こうなりそうですから、今こういうふうに頑張っていきましょう、と将来から逆算する形でのアドバイスを心がけています。いつも質問に答えるパソコンのキーボードを叩きながら心にあるのは、**「かすかな光を感**

じてもらおう」という想いです。

その地道なやりとりを創業以来毎月続けて、今まで答えた質問は1000ぐらいになるでしょうか。そんな時に大和書房さんから出版の依頼をいただきました。それを機に改めて1000のQ&Aを読み直していく中で、現実を見据えつつ希望を感じられる一本の線を感じてもらえる本を作れるのでは、そしてそれが**不安の多い親御様たちにかすかな光を感じてもらえるきっかけ**になる気がしてきました。

角度30度の人生

発達障害の子を育てる親御さんは、〝普通〟とは言いづらい我が子がどういう将来を歩むのか、どういう仕事ができるのか、心配な方が多いでしょう。

たしかに〝普通〟だといろいろな可能性が見えます。しかし、世の中には膨大な職種があるがために、いわば360度全方位考えた子育てをしないといけません。将来の選択肢が多いことはある程度まではゆとりや楽しみにつながりますが、あまりにも広すぎるとかえって悩み苦しむこともあるでしょう。

発達障害の人の将来は凸凹がある分、全方位に将来の可能性が広がっているわけではありません。未来は有限に見えます。でも完全に閉じているわけではなく、30度ぐらいの狭い範囲ではありますが、**確実に力を発揮する道は残されています。**

結局人生は振り返ると一本しか線を引けません。一つの道しかたどれないわけです。可能性が全方位でも、30度でも一本線であることには変わりません。むしろ発達障害という特徴があるからこそ、**将来が予想しやすく、その分、見通しもききやすく、不安が解消される可能性が高い**とも言えるのです。角度30度の中でご本人の力を発揮して楽しめる可能性も十分あり、いわゆる〝定型発達〟並み、あるいはそれ以上の収入を得たり、楽しみを得る可能性も大いにあります。本書もそこに重点を置いて編纂しています。

この本の読み方。こんな人に、こう読んで欲しい

すでに書いたとおり、この本は当社が創業以来お答えしてきたQ&Aが元になっています。ですので最初から最後まで、順にページをめくっていくという読み方をされる方は少ないで

しょう。でも人によって様々に活用いただけると信じています。

例えば、**漠然とした不安をお持ちの親御様。何に悩んでいるのかわからないけれど不安、という方**です。その方は目次をざっと読んで、ああ、こういうことに悩んでいるんだというページを幾つかめくっていただくと、ご自身の不安が言語化できるだけではなく、その時の心がけや対応方法、そして現実的な将来像が見えてくるのではないかと思います。

学校の先生や福祉関係者などの支援者の方にもお使いいただきたいと思います。ほとんどの支援者は発達障害の専門家であっても、子どもから大人まで接したことがある、支援の経験がある方は稀です。自分が関わる年代だけしか見たことがなく、将来までの道が実は見えない中で困惑している方もいらっしゃるのではないかと想像します。その方にはご自身が担当している部分以外の文章を中心にざっと目を通していただくのが良いでしょう。

発達障害当事者の方にもひょっとしたらプラスになるかもしれません。広範囲に見通しがきいたアドバイスを、カウンセリングや診療の場で受けることはなかなか難しいものですが、本書でしたら**ご本人にあった方向性が見つかるかもしれない**からです。**「自分はこれに困っているな」**というところだけでも見てみると、どういう支援を受けられるのか、支援の側の考え方がわかり、ヘルプを求めやすくなりそうです。

発達障害の支援で一番大事なことは支援方法ではありません。

親が元気であること、その子に未来を感じていることです。

一見難しく見える発達障害の子の子育てを明るいレンズで捉えるには、**現実の受け止めと将来への見通し**がなにより重要になります。本書がその助けに少しでもなればと考えています。

お読みになった感想、さらに湧いた疑問や質問がありましたら、ぜひ当社の「ニュースレター」宛てにお声をお聞かせ下さい。ニュースレターで取り上げてお答えする中で対話を加速させ、より良い支援につなげていきたいと思います。

㈱Ｋａｉｅｎ代表取締役　鈴木慶太

第1章

これだけは伝えておきたいこと

発達障害のお子さんを育てる親御さんは、
まず自分の人生において、
この状態を受け入れることから、
はじめなければなりません。
その過程で出てくる共通の悩みがあります。
この章では、そういった悩みを共有し、
解決の道筋を示すことで、
将来を予測できるようになればと思います。

Q

診断をどう受け止めるか？

我が子が小学5年生でADHDの診断を受けました。これまでできないことを無理に頑張ってこさせてしまったのだと後悔をしています。一方で、本当に単純に怠け者で、努力不足なだけではないかと感じることがいまだにあります。実は診断がついたことを恥ずかしく思う自分がおり、祖父母や学校の先生にはまだ伝えられていません。自分のことばかり考えているのが本当に情けなく、母親として失格なのではと日々落ち込んでいます。

A

まず、ご質問をされているという時点で、どうにかしたいというお気持ちがあるのだとお察しします。第一歩目はクリアしていると思いますので、安心なさってください。

診断を受容する、というのはそれほど簡単ではありません。一般的に、受容まではいくつかの段階があると言われています。以下は認知症の受容について一般的に言われるステップです。参考にしていただければと思います（参考：杉山孝博「介護家族のたどる4つの心理的ステップ」）。

第1ステップ「とまどい」「否定」です。「うちの子がそんなはずはない」という気持ちの段階ですね。目に見えない障害である発達障害は、この感情を引き起こしやすいです。

第2ステップは「混乱」「怒り」「拒絶」です。だんだんと状況を理解しつつも、対応方法がわからず混乱したり、それが怒りや拒絶を引き起こしている状況です。

第3ステップは「割り切り」または「あきらめ」です。第2ステップで試行錯誤する中で気づきを得て、混乱が落ち着いてきている段階です。

そして**第4ステップ「受容」**にたどり着きます。ここまできた時には、現状を真摯に受け止めることができるようになります。

相談者様が今現在、混乱の最中にいるとしたら、それは当たり前のことで、時間をかけて理解していくのだとお考えいただければ幸いです。

一方で、一番苦しんでいるのはお子さんご本人である可能性が高く、周囲に理解のある人は多ければ多いほど良いはずです。気持ちの整理ができていなくてもかまいませんので、学校の先生などお子さんのサポートをお願いしたい人には、早めに相談をしてあげてください。

Q

親なき後

小学校高学年の発達障害の子の親です。だんだん学校の勉強についていけなくなる、友人づきあいがうまくいかないなど心配はたくさんあります。が、一番不安なのは、親なき後のことです。親という保護者なき後、この社会で子どもは幸せに生きられるのだろうか、考えれば考えるほど不安と心配でいっぱいになります。

A

切実ですね。多くの親御様が抱えている不安だと思います。

面談などで似たお悩みを聞いた時には、

❶ 家庭以外で頼れる人を見つけていくこと

❷ お金を得る手段について考えていくこと

❸ ご本人の楽しめること（安らげること）を探していくこと

の3点を意識できるといいですよ、とお伝えしています。

この3つはいずれも、大人になって慌てて決めていこうとしても、そもそもご本人がその必要性を認識するところから始めなければならず、なかなか大変です。

タイミングとしては、中学生くらいになり、少しずつ将来を考えるようになるくらいから徐々に準備していかれるとよいと思います。自立に向けて、まずは保護者の方がこういった項目について意識し、徐々にご本人の理解と実感を促していかれるとよいでしょう。

ただ、この悩みを抱えている保護者の方の多くは、私の目から見るとそれほど心配にはなりません。愛情深く、お子さんを信頼しながら子育てされている家庭で育った人は、うまくいかない時期があったとしても、**心の根っこの部分が健康である場合が多い**からです。

あまり悩みすぎず、前向きに、お子さんと一緒に自立に向けての準備をしていってもらえたらと思います。

Q

やりたくないことにどう向き合うべきか

小学4年生になり、好き嫌いがはっきりしてきました。それにつれて、これは、やりたくない、とはっきり言うようになりました。親としては好き嫌いだけで判断せず、時にはやりたくないことにも挑戦していってほしいと思っています。この場合、どんな声がけをしたらよいでしょうか？

A

やりたくないことをやりたくないこととして向き合うのは、大人でも難しいですし、もはや修行の域になります。ですから、同じ行動でもいかに**「やってもいいかな」と思わせられるかがポイント**です。

まず最初に、やりたくない理由を探っていきましょう。そのうえで嫌な部分をとりのぞいてあげたり、あるいは取り組むことのメリットを感じられるように設定し、「やりたくない」ことを「やってみてもいいかな」と思えるようにしてあげてください。

そうした経験を重ねていくことで、**「したいこと」だけでなく「すべきこと」の理解が進んでいきます。**

嫌いなこと、苦手なことにチャレンジできるペースや速度は人それぞれ異なります。こと思春期を過ぎてからは親御さんが常に伴走をすることは大変なので、信頼できる第三者を交えて進めていくことをおすすめします。

なお、周囲の大人の方には**「本当にそれをする必要はあるのかな？」**と自分自身に問いかけることを忘れないようご注意ください。

みんなしているから、同年代の子はできるから、というような視点だけではなく、ご本人にとって本当に（現在、あるいは将来）必要で、したくて、できそうなことなのか、を冷静に考えてあげましょう。

Q

学校選びに迷う

小学校、中学校、高校……、学校選びはどのようにしたらよいでしょうか。学校を決めるにあたって、本人の希望を尊重すべきなのか、親が決めるべきなのか、悩んでしまいます。

A

これは希望的観測とも言えますが、**学校選びは最終的にはAでもBでもあまり変わらないような気がします。**人生、Aを選んだ場合とBを選んだ場合に、あみだくじのように道が大きく変わることはなく、結局同じ道にたどり着くことが多い気がします。

しかし、注意すべきは本人が苦しくなるような選択肢・進学先は確かにあるため、**無理をさせ過ぎない、**ということです。挑戦させないと能力の伸びは得られにくいと思うため、個人的には多少の無理をさせても受験、進学をさせてもよいとは思いますが、無理をし続けて何らかの社会不適応が起きてきたら、学校を途中で変えるなど、柔軟に対応することも事前にお子さんと話し合っておくのが理想的でしょう。

また、親が不安に思ったり、怖がったりしていると、子どもにも伝播すると思います。学校や塾、外部の支援機関などでも様々な良質な情報を持っていると思いますので、ぜひ頼っていただければと思います。

Q

親が苦しい

子どもが小学校低学年で診断を受けてから現在に至るまで、いろいろな困難を親子共々乗り越えてきました。が、今現在孤独感でいっぱいで、非常に苦しいです。助けてほしくても誰に頼っていいかもわからず、毎日つらいです。どうしたらよいでしょうか。

A

発達障害のあるお子さんを育てるのは、ご家族だけでは難しい場合があります。当社でもご家族との連携を重視しています。やはり**親御様が安定することが何よりもお子さんにはよい影響があるから**です。

親が不安定になってしまっては元も子もありません。もちろん誰よりもご本人に接する時間が長いのが親御様。レスパイト（乳幼児や障害者、高齢者などの支援をしているご家族を癒すため、一時的にケアを代替し、リフレッシュを図ってもらうこと）としても外部の支援機関を活用されるとよいと思います。つまり、支援機関は発達障害のある本人のためだけに使うというよりも、それによって親御様の様々な負担が軽減されるという意味合いでも、ご利用いただくということです。

お近くの発達障害者支援センターや自治体の障害福祉課などで、ぜひ頼れる専門機関をお探しください。

Q

告知すべきか

発達障害の告知について、おたずねします。いつ本人に言うべきか迷っています。告知のタイミングとして適切な時期はあるのでしょうか。

A

告知のタイミングとして一般的によく言われるのは、年齢が15歳になったら、でしょう。医療行為の意思決定を尊重される基準の年齢がアメリカでは15歳であるためです（もっともこれはアメリカ小児学会が定めた基準で、実際に日本では病院によって異なるようですが）。

次によく言われるのが、中学校に上がる際です。支援を受けられる学校に進学したり、通級利用を始めるにあたり……というタイミングです。

そしてもう一つは、こちらは曖昧ですが、**「ご本人が違和感を覚えたら」**です。小学生でも支援級や通級を利用したり、同年代のお子さんと関わる中で「自分は他の人と違う」と感じ始めるお子さんもいます。そういった疑問が生じた場合、ご本人が理解や受容ができそうな状況であれば、年齢にかかわらず説明をしてあげられるとよいかと思います。

いずれにしても、**「本人の状況による」**ということが大前提になりますので、一般論はあまり気にせず、あくまでご本人が受け入れられる成長段階に達したら、必要に応じて告知ができるとよいでしょう。

Q

発達障害のグレーゾーン

はっきりと診断されたわけではなく、いわゆるグレーゾーンにいます。学習面は大丈夫でよくお話もしますが、集団行動や友達とのコミュニケーションは苦手です。集団行動ができないのはなまけているからだと言われるなど、理解されないことでつらい状況にいます。

A

グレーゾーンという概念はまず人によってかなり定義が異なります。小学生のグレーゾーンと高校生のグレーゾーン、そして大人になった時のグレーゾーンはだいぶ違いますし、アスペルガー症候群・自閉症スペクトラムのグレーゾーンとADHDや学習障害のグレーゾーンも違います。親御様がおっしゃるグレーゾーンと医師や福祉関係者がいうグレーゾーン、教育関係者が言うグレーゾーンも重なるところはあっても違うケースが多いです。

ご質問の中身からだけですと、「グレーゾーン」の状態は、おしゃべりや勉強はおおむね可能だが、こだわりの強さや一斉指示が入りにくいことで全体行動がなかなかできず、あるいはいわゆる空気を読まずに行動しやすいため、特に学校の先生や周囲の保護者・児童生徒から理解がされづらい、ということなのかなと思いました。またそれゆえに自尊心が得られない状態と理解しました。

もし上記のような状態ですと、グレーゾーンだから周囲の理解が得られない、というよりも、しっかりと発達障害の傾向が見られるが、そのような明快な状態においてですら、教師などが発達障害の理解が乏しいために理解ができない、あるいはしようとする状態になっていないということだと思いました。

こういった場合ですと確かに親御さんは徒労感があると思います。いくら言ってもわかってもらえないという状態だからです。一方でこのような状態でも元気に楽しく通うお子さんは現にいます。それはもともとその子の自己肯定感の強さもありますが、**学校以外の場で自己肯定感を育《はぐく》む場があるかどうか、**だと思います。学校以外の場は家庭がやはり最も大きな場で、ついで当社のような放課後等デイサービスなど専門機関、あるいは福祉の知識がなくてもご本人を認めてくれる習いごとの場なのでしょう。

発達障害の人はアウェイ感を感じやすい傾向があるのが現代の日本社会だと思いますので、それを前提として、親御様としてはホームと感じられる居場所を作り、**安心できる関係・時間をいかに増やせるか、**に支援の重きを置いていただければと思います。

Q

日常生活で困り感がある

小学生の息子です。3年ほど前より不登校となり、その後自閉症スペクトラムと診断されました。親から見て、発達障害の特性は目立たないように思いますが、本人は日常生活で困ることがとても多く、常に不安があるようです。

A

発達障害の特性が目立つかどうか（周囲からの客観評価）ということと、不安に思ったり不登校になったりという点（本人の主観・困り感）は、重なる時もありますが、今回のように重ならない場合もあります。

たとえで言うと、「高熱（客観評価）でもピンピンしている（本人の主観）タイプ」の人もいますし、「微熱（客観評価）でも騒ぐ（本人の主観・困り感）タイプ」もいます。お子様の場合は後者だと思います。実はこの後者のケースがなかなか難しいのが現実です。支援をスタートするのがどうしても遅れてしまって、ずれが大きくなっているためです。

ご本人のペースに合わせて環境調整をして、**まず困り感を少なくし、安心感を増やす。そしてスモールステップで課題をこなしていく。**その際に構造化・見える化してハードルを下げるという、支援の王道を地道に行うことが良いと思います。

ご本人だけでなく親御様の心労も高まっているのではないかと思います。年単位で時間がかかる可能性が高いので、焦らずゆっくり取り組まれることが何よりも大事だと思います。様々なご家族を見てきましたが、やはり**周囲が疲れないことが最終的にはご本人のためになる**と思うからです。

Q

周囲は見守るべきか、積極的に関わるべきか

WISC検査で知覚推理が低いと出ました。学習面において、ずい分時間が経ってから、実はあの時困っていた、と言うので、困っている適切な時期での学習支援ができていません。困っても自分なりに対処していると考え、このまま親は介入せず見守る態度でよいのか、もっと親が積極的に関わった方が良いのか悩みます。

A

知能検査は絶対正しいわけではなく（109ページ参照）、人間の能力の一面しかとらえられないと思います。が、確かに知覚推理が低いというのはある程度の傾向が読み取れます。それは総合的な理解や判断が苦手であり、それによって今いったい自分が困っているのかどうか分析することが難しく、振り返った時にようやく気づく、という感じであろうということです。

何事もバランスだとは思いますが、今回もある程度親が介入しながら、本人が気づいてもよさそうな**ちょっと先のことを伝えて、次回以降の学びになる**ように粘り強く接するのが良いのではないでしょうか。

Q

集団で孤立してしまう

小学4年の男子、軽度の自閉症スペクトラムと診断されました。学校はもちろん、学校以外の場所でも子どもが孤立しないよう、居場所がつくれるよう模索しています。学校や行政支援には相談しましたが、子どもが集団の中で孤立している様子はなかなか変わらないようで心配です。

A

学校以外の場所でも居場所をつくろうという試みは、とても良いことですね。**発達障害のある子どもたちは、定型発達の子どもと比べるとゆっくり、あるいは特異的に成長します。**友人関係にも発達段階があり、異なるステージの相手との交流を楽しむのはなかなか難しいため、ご本人と近いタイプの人が集まる場所で、お互いに自然体で接することができる機会を持てるとよいでしょう。

まれに、「インクルーシブ教育がうたわれている現代で、障害のある子どもだけ集めるなんておかしい」と、支援級や通級、放課後等デイサービスなどを批判的に見る声もあるようですが、それは少し違うと思います。インクルーシブ教育は、決して特性に応じた環境を用意することを否定しているわけではありません。**児童青年期に、安心できる環境で、信頼できる大人や、楽しみを共有できる仲間と過ごす時間は、非常に重要です。**そんな居場所を探してみてあげてください。

Q

学習支援か生活支援か

今度中学生になります。小学生のうちは勉強より友達と仲良くつきあうことを最優先していましたが、中学入学をひかえて、勉強についていけるかどうか心配になってきました……。

A

勉強はある程度で良しとし、ご本人の特徴を理解してあげたほうが良いか、それともやはり子どもの自尊心は勉学の出来不出来に影響を受けるので、勉強をできる限りフォローしてあげたほうが良いか、という神学論争のようなもので、当社でも常に議論に上がるところです。支援の方向性は年齢やご本人の特性によって、ソーシャルスキル優先か学力優先かのバランスを変えていけたら理想だと思います。が、勉強も見ながら、生活力もあげて、という**同時並行は発達障害の傾向のあるお子さんだとなかなかうまくいかない**ものです。

中学入学後に学力が伸びるかどうかは、ご本人の知的水準や勉強の好き嫌い、ルール通りに行うタイプか否か、そして学習障害的な凸凹がどの程度か、といった要素で左右されます。もしかしたら今から方向転換をして勉強はできるようになるかもしれませんし、今からだとやや難しいところもあるかもしれません。**ご本人の意志が何より重要**ですし、将来働く時には小学校位の読み書き算盤《そろばん》ができていれば全く問題ない仕事もたくさんありますので、何のために学力を高めたいのか、まず親御様がご自身の中ではっきりと理解されることが必要だと思います。

Q

父親や祖父母の理解がない

自閉症の小学生の子をもつ母親です。本人はいろいろな苦手感を抱えつつも、素直ないい子に育ってくれていますが、心配なのは父親や祖父母の考え方です。発達障害は「甘え」だと言って聞く耳をもたず、我が子を他の子と比べ、かなり厳しく叱責したりします。本人もすごくつらそうですし、どんなに説明してもなかなか理解してもらえず私自身もとても疲れてしまいました。どうすればよいでしょうか?

A

父親や祖父母が障害を受容できない……というのは少なくないご相談です。ご本人の調子の良い時も悪い時も一日中見ていたり、医師から話を聞いたりするのもお母様がメインになる場合が多いでしょうし、普段接していない父親や祖父母から「昔はこれくらいの子はいた」というような見解がでてきてしまうのは、ある意味仕方がないことでもあると思います。しかし、発達障害とは社会環境との適応のずれから判断される障害のため、当然ながら同じ特性・行動でも時代や場所が違えば困り感も変わってくるのですが……そこを理解してもらうのはなかなか難しいのでしょう。

まずは前向きな話をしたいと思います。理解が進んだという例としては、**「父親の会に参加してから変化があった」**という方がいらっしゃいました。父親の会に参加される人は、やはり子育てにも熱心で発達障害への理解がある方が多いです。そんな中で、同じ立場の人からアドバイスを受けられるのはお父様にとっては新鮮であり、冷静にお子さんのことを考えるきっかけになるようです。

またよくあるのは、**医師などの専門的な人からの話を一緒に聞いてもらうこと**。専門家の話はやはり入りやすいようです。その他は授業参観。同世代のお子さんとの違いを見ると、お子様の発達の特異性に気づくことができます。こちらは限定的な環境でのお子さんの姿しか見ていない場合は効果があるでしょう。

ただし、**最終的にはあまりそこに一生懸命にならないほうがよい**と私は考えています。発達障害は認識が広まってからの歴史が浅いです。また、目には見えず、同じ障害名でも全く逆の行動特性を示す場合があるという、なんとも不思議な障害です。メディアや行政ですら未だに間違った情報を発信している場合もあるくらいで、理解できない人がいるのも仕方がないことかもしれません。

理解のない人への説得に疲れてしまうと、お子さんと向き合うエネルギーが削《けず》られてしまうでしょう。そうなった時に、その子は家族の中の理解者を失ってしまうことになります。まずは自分自身の健康を考えましょう。同じ悩みを抱える人と話をする機会をもつなど、**お母様ご自身が息抜きできる方法を探す方が、お子さんの成長にはプラスになる**可能性もあるのです。

Q

先生に理解がない時

自閉症スペクトラムの子をもつ親です。4歳の時に我が子が診断を受けてから、この子がどういう障害があるのか、どういった教育をすべきなのか必死に勉強しながら、子どもと二人三脚で頑張ってきました。先日小学校に上がり、学校の支援級の担任の先生に、面談の場でどういったフォローをしてほしいか熱心に伝えたにもかかわらず、そのほとんどを実践してくれませんでした。発達障害に関する知識も乏しいようで、非常に心配しています。こういった先生とどのように付き合っていけばいいでしょうか？

A

真っすぐ言ってしまうと、学校の先生は〝当たるも八卦《はっけ》当たらぬも八卦〟です。良い先生はたくさんいます。逆に発達障害への理解・関心が乏しい先生も残念ながら存在しています。先生自身の対応力や強み・弱みも様々で、仮に熱意はあっても、30人いるクラスの中で集団生活が苦手な子へ目を配るのは難しい方も、当然ながらいらっしゃいます。

また、学校が組織的に発達障害児教育の拡充を目指している、という例は少なく、個々の先生の力に依存してしまっているのも大きな課題と言えるでしょう。「発達障害の支援が充実している支援級がある」と評判だった学校にいざ入学してみると、力のあった先生が異動してしまっており、想像とは違った学級になっていた……というのはよくある話です。

では、必要な支援が得られなかった場合、保護者としてどのように先生と向き合うべきでしょうか。実際は先生のタイプや学校の方向性などにもよるので一概には言えないですが、よくアドバイスするのは**「担任の先生以外にも働きかけてみましょう」**ということです。

最近ではスクールカウンセラーや特別支援教育コーディネーターを置いている学校も増えてきています。子どもの心理や発達に詳しい専門家に間に入ってもらい、先生とのコミュニケーションの仲介をしてもらえるとよいでしょう。保護者はお子さん自身の専門家で、先生は学級運営の専門家です。お互いの事情をすり合わせるためには、橋渡しができる第三者が必要なのです。

また、障害児のための福祉サービスである「放課後等デイサービス」では、学校との連携

を推奨する動きがでてきています。学校内の第三者ではなく、こういった学校外の第三者に頼るというのもひとつの手段です。

ご質問の文章からは、これまで真剣に子育てと向き合われてきたことがひしひしと伝わってきました。今後、お子様が大きくなるにつれて、親子の〝二人三脚〟だけでは難しくなってくる場面もでてくるかと思います。保護者の方にとってもお子様にとっても、信頼のできる第三者の人物や機関、場をお探しいただくことをおすすめします。

Q

親自身の勉強は？

つい先日、子どもが発達障害と診断をされました。我が子の将来が不安で仕方がなく、本などを読み漁《あさ》っているところです。今後子どものために、親としてどういった勉強をしていくべきなのでしょうか？

A

当社ではスタッフ（つまり支援者）に対して、知識を身につけたい時には、

①発達障害自体に関する知識
②支援方法に対する知識
③発達障害を取り巻く社会・環境に関する知識

この3つについてバランスよく学んでいくように話をします。

保護者の方の場合はまずは①、次は③をおすすめします。②の支援方法について勉強されるのももちろん無駄ではないですが、①の発達障害自体に対する理解が適切であり、「接する時のポイント」がわかっていればさしあたっては十分だと思います。

世の中には発達障害の子のための〝支援法〟がたくさんありますが、その子に合わせて適切にカスタマイズするのはなかなか難しいです。少しやり方を間違えると逆効果になってしまうようなものもあるため、特別な手法を家庭内で用いる場合は、専門家と相談しながら取り入れることをおすすめします。

また、③はとても重要です。学校に関する情報などは進路選択の大切な材料となりますし、先の見通しがたつと保護者様ご自身も心理的余裕がでてくると思います。こちらについては本などで学ぶのもよいですが、地元の新鮮な情報を集めるには、親の会などにご参加いただいて生の声を聞いたり、情報交換会などに参加するとよさそうです。学校情報に限らず福祉制度のことなどまで、詳しい先輩保護者の方は結構いらっしゃいます。

ただ、**最終的には親と子として、人と人としてどう向き合うか**という話になります。お子さんにどうやって愛情を示すか。どうやってお互いに信頼関係を築いていくか。それは本を読み漁っても正解は出てこず、お子さんと触れ合っていく中で見つけていくしかないのでしょう。

将来がイメージできず、不安があるとは思いますが、未来のために知識をいれることに神経をすり減らしすぎないよう、今現在のお子さんとの時間を大切にしてあげてください。

第2章

乳幼児の発達障害

発達障害児支援の胆《きも》は早期療育です。
このためこの時期は支援体制が
最も充実しています。
親御さんのみならず、周囲の大人たちが、
発達障害についての理解を深め、
お子さんのプラスの特性を伸ばしてあげてください。

乳幼児への対応ポイント

1. ご両親をはじめとした周囲が発達障害を受け入れる
2. 特性・持ち味を活かしつつ、早期に適切な専門機関とつながる
3. 努力だけでは難しい部分も。無理はさせず、環境調整がキーワード

発達障害児支援の胆《きも》は早期療育です。このためこの時期はできるだけ早く診断と療育を受けられるようにするため、支援体制が最も充実しています。適切な社会資源を利用しながら、両親をはじめとした周囲の大人が発達障害について理解を深め、お子さんのプラスの特性を伸ばしていくことが重要となります。

また、発達障害の特性は「個性」として捉えることもできますが、根本的には「障害」であることも併せて考えていく必要があります。そのため、**お子さん本人の努力だけでは成長・改善できない部分がある**ということを忘れないでください。**無理をさせないこと・環境の方を整えていくこと**も意識して対応していきましょう。

Q 早期診断とは？

生まれてからすぐに診断がつくのでしょうか。

A

発達障害は先天的な脳の特性であるため（適切な支援によって見えにくく現れづらくなりますが）、将来的にもその特徴は続くと言われています。ただし、目に見える障害ではないため、生後すぐに診断がおりることはありません。また、各障害によって診断を受けられる時期も異なってきます。一般的には次のように言われています。

◎**ASD（自閉症スペクトラム・アスペルガー症候群）**：早い場合1歳半頃に「疑い」がかかり、3歳以降に正式な診断がおりるケースが多い。

◎**ADHD（注意欠如多動性障害）**：4歳以降に診断されることが多い。

◎**LD（学習障害）**：小学校以降、学習が本格的に始まってから診断されることが多い。

凸凹の見え方や周囲の理解によって、診断や特徴がわかりづらいまま成長し、学齢期や大人になってから診断を受けるケースもあります。診断が早いから重度、あるいは、診断が早い方が一生生きづらい、というわけではまったくありません。

Q

発達障害・乳幼児期の特徴

発達障害の子どもは乳幼児期にどのような特徴が見られるのでしょうか。

A

乳幼児期に特徴が表れにくいLD（学習障害）以外の2つについて一般的に言われている特徴をお答えします。

◎ASD（自閉症スペクトラム・アスペルガー症候群）

・出生後から6ヵ月前後までは全く症状や特性が見られない場合が多い。
・おとなしく育てやすいという印象を与える例もある。
・表情が乏しく、ほとんど笑わない。
・抱っこ嫌いで、母親に抱かれることも嫌がる場合が多い。
・音への反応が鈍い。

◎ADHD（注意欠如多動性障害）

・生まれてからずっと多動という場合は少数。
・多動性や不注意は乳幼児期の子どもによく見られる特徴であるため、ADHDの症状としては気づかれにくい。

Q

家ではお利口さんなのに

家では親の言うことをよく聞く良い子なのですが、幼稚園では先生の指示に従って行動することができません。なぜでしょうか。

A

発達障害児は注意を向けることが苦手な傾向にあるため、**集団に対する一斉指示が入りにくい**ことがあります。

対応する際には以下のことを心がけましょう。

・注目させてから話しかける。

・作業指示やルール提示は絵や文字にして示す。

・説明の段階を細かく分けて、作業指示をだす。

例：×はさみで切ったら色を塗って先生に報告してください

○（見本を見せながら）このようにまずはさみで切ってみましょう。

Q

やんちゃな子ども

とても元気で、「やんちゃ」と言われることの多い息子ですが、衝動性が抑えられず、物を投げたり壊したり、悪意はないのですがお友達を叩いてしまったり。どのような対応をすべきでしょうか。

A

お子さん本人を落ち着かせてから理由を聞いた後で、なぜ物を壊してはいけないのか、なぜ人を叩いてはいけないのかを冷静に教えてあげましょう。感情的に怒鳴ったり、一方的に叱りつけたりすることはかえって問題行動を増やしてしまう恐れがあるため厳禁です。

また、他者に迷惑をかけないような行動であれば、ある程度は目をつむるなど許容する姿勢を持つことも重要です。

ADHD（注意欠如多動性障害）のお子様が理性で衝動的行動を抑えることは難しいため、**ゆっくりとした成長を根気づよく見守っていきましょう。**

Q

一日に何度も着替えたがる

服が少し濡れただけ、少し汚れただけでもすぐに着替えをしたがります。一日に何度も着替えをするため困っていますが、どう対応すればよいでしょうか。

A

感覚に過敏性のあるお子様がこういった行動をとる傾向にあります。まずは、定型発達の子どもたちが感じるものとは比較にならない不快感をお子様が抱えている、ということを理解してあげてください。

また、**感覚過敏は年齢とともに落ち着いていく傾向があるようです。**そのため、一時的なものだと大人側が受容して、可能な限り受け入れてあげると、自然と落ち着いていく例も多いです。

また本人に対する直接的な支援としては、濡れている部分を折り曲げる、上着だけ替えるなどの対処方法を教えてあげられるとよいでしょう。このこだわりが過度に長期的に続くようであれば、感覚統合療法など専門的な療育を受けることもお考えください。

Q

早期発見・療育

6歳の男子。市の施設でWISC検査を受けたところ、発達障害傾向にあると告げられました。病院にはまだ行っておりません。早期の対処を、と言われましたが、まず何をすればよいのか、誰に相談したらよいのかわからず、不安でいっぱいです。

A

市の施設でWISCを受けて、それなりにはっきり伝えられた状態のようですので、たしかに**早いうちに医療につながり、また療育施設につながると良い**と思います。その2つがまず手始めに行うことだと思いますし、その2つの機関が次に何をすればよいか、現状を親としてどう受け止めるべきかを教えてくれるとも思います。

診断の前後で、我が子の何が変わるわけでもなく、ただ単に**その子への見方が一つ加わる**ということです。子どもをより理解しやすくなる視点だと思いますし、上手にその視点を活用できれば、ご本人にとっても生きやすくなるはずです。

第3章

小学生の発達障害

小学校では本格的な集団行動と学習が始まり、
発達の特異性が顕著に見られ始めます。
しかし、他のお子様と比べ、
焦ったり落ち込んだりする必要はありません。
発達障害は「発達しない障害」ではなく、「通常よりもゆっくり、あるいは特異的に発達する障害」です。
できたことを認め、褒めながら、
お子さんのよいところを伸ばしていきましょう。

小学生への対応ポイント

❶ 通常級、通級、特別支援学級、本人にとって最適な環境を選ぶ
❷ 周囲と比べるのではなく、その子の良さを認める・褒める
❸ 学習方法は視覚的に明瞭化する工夫を

小学校入学時は、特別支援級にするか、通常級にするか、通級を利用するか……など、学習環境の選択をしなくてはならない、ご家族にとって決断の時期です。就学時健康診断を利用するなどして、お子さんの成長にとってどういった場所が望ましいのか、専門家の意見を聞きながら決定していくとよいでしょう。

また、就学後に障害の疑いがもたれることがあるかもしれません。そういった場合はできるだけ早く医療機関を受診をし、適切な対応方法を考えていく必要があります。

学校の中では、本格的な集団行動と学習が始まり、発達の特異性が顕著に見られ始めます。

しかし、他のお子さんと比べて焦ったり落ち込んだりする必要はありません。発達障害は「発達しない障害」ではなく**「通常よりもゆっくり、あるいは特異的に発達する障害」**です。できたことを認め、褒めながらお子さんの良いところを伸ばしていくことを心がけましょう。

Q

好き嫌いがある子

小学校にあがりましたが、偏食が強く、給食がほとんど食べられません。どうしたらよいでしょうか。

A

ＡＳＤ（自閉症スペクトラム・アスペルガー症候群）のお子さんは、舌の感覚や嗅覚に特異性があり、好き嫌いが多いことがあります。また、食べたことのない食品への不安感が強いため、初めての食材・料理への拒否感が強く出ます。無理強《じ》いをすると悪化したり、食事自体が嫌になってしまう可能性があるため、**食べられるも**

のからすすめていくようにしましょう。場合によっては給食にはこだわらず、弁当を持参するなどの対応も考えられます。また、自分で育てたり調理するなどの機会をもち、食品に対しての興味・関心を深めていくことも有効です。

Q 支援級に進むべきか？

知的障害はない発達障害の場合、小学校は特別支援級ではなく通常級に進むべきでしょうか。

通常級にするか、特別支援級にするかは知的障害の有無だけでは選択ができません。**行動面の特性、集団生活への適応度合いなどを勘案しながら決定していく**必要があります。基本的には以下のようなメリットとデメリットが考えられ、そのデメリットを補うための制度も存在しています。しかし、学校長の方針や学級の担任の力量に依《よ》るところが大きいのが実情です。以下それぞれメリット・デメリットをまとめてみました。

◎**通常級**

・**メリット**：一般的な集団の中で生活することができる。

・**デメリット**：個別的なきめ細やかな対応は期待しにくくなる。

◎**通級**：通常級に在籍しながら特別支援教育を受けるための制度。国語や算数などの一部科目を個別で教えてもらうことができる。

◎**特別支援級**

・**メリット**：学級編成が最大8人のため、個別対応が期待できる。

・**デメリット**：学習内容が通常級と異なる場合が多い。また、私立中学受験の際に不利になる場合がある。

◎**交流級**：特別支援学級（学校）に在籍しながら、普通級に在籍している生徒と一部の授業や行事をともに過ごす制度。

Q

パニックになった時の対応

小学校に上がりパニックになることが増えました。学校の先生も対応に困っているようですが、どのように対処すべきでしょうか。

A

パニックの対応は、**「直後」「落ち着いてから」「日常」**の対応の3パターンに分けて考えましょう。

◎**直後の対応**

・本人や周囲にケガがないよう引き離すなどの対応をとる。

・刺激が少ない場所に移動し、むやみに声をかけず落ち着くのを待つ。

・落ち着かず多弁・多動状態になっている場合は、以下のような対応を試みる。
→本人の言葉をオウム返しにして繰り返す。
→状況に関する、答えが明瞭で簡単な質問をする（例：ジャングルジムで遊んでいたの？）。
→簡単な手作業をさせる（例：ビー玉を穴に入れる、ペグさし等）。

◎落ち着いてからの対応

・パニックになった理由を確認する。
・適切な対処方法を確認する。
・必要があれば、謝ったり片づけたりといった事後処理を部分的にでも行わせる。

◎日常の対応

・パニックになる原因と、どうやったらその状況にならないかを一緒に考える。
・刺激の少ない座席配置にするなど、環境を整える。
・感情を色で視覚化するなど、自分の状態を客観的に捉えるための方法を教える。
・混乱しそうになった時、自立的に落ち着ける方略を一緒に探す（例：深呼吸をする、好きなキャラクターの絵を見る等）。

Q

席に座っていられない子

授業中の離席が目立ちます。どのようにしたらよいでしょうか。

A

ＡＤＨＤ（注意欠如多動性障害）の傾向の強いお子さんに見られる行動です。まずは、始めから数十分も着席していることは難しいと理解をした上で、数分でも座れていれば評価をしてあげましょう。離席を減らすための工夫としては、壁際など刺激の少ない座席にする、わかりやすい課題を提示するなどがあります。**まずは環境のほうを調整してあげてください。**一方でＡＳＤ（自閉症スペクトラム・アスペルガー症候群）のお子さんとは異なり、刺激を嫌っているわけではないため、整理された環境を好まないことがあります。そういった場合には必要性を説明した上で、休憩時間には体を動かして思い切り楽しめるような環境設定をしてあげてください。また、障害があることをきちんと先生や関係者に伝えていないと、話が聞けない・忘れ物が多い・自席に座っていられない、などの行動は単なる不真面目と捉えられてしまう可能性があります。**叱られることが増えていくと、自尊心が低下し、できることもできなくなってしまう恐れがあるため、**本人へ直接支援していくと同時に**周囲の発達障害に対する理解も促していきましょう。**

Q

ひらがなが書けない

小学1年生の男子。漢字は好んで学習しますが、ひらがなを書きたがりません。なぜでしょうか。

A

ＡＳＤ（自閉症スペクトラム・アスペルガー症候群）傾向の強いお子さんに見られる行動です。ひらがなは曲線が多く不安定で意味が伴わないのに対し、漢字は直線的で意味を伴うのが、明瞭さを好む発達障害のお子さんに好まれるためです。**漢字が得意というのは大きな強みになる**ため、ぜひ伸ばしていってあげてください。また、こういった傾向のお子さんは書字・読字に対する関心が大きいため、いずれひら

がなも書き始めるでしょう。

Q

国語の文章題が苦手

勉強は得意な小学5年の息子ですが、国語の文章題で登場人物の気持ちを想像することや、感想文を書くのが苦手です。どのように指導していけばよいでしょうか。

A

ＡＳＤ（自閉症スペクトラム・アスペルガー症候群）傾向の強いお子さんによく見られる特性です。想像力に特異性が見られるため、人の気持ちを推察したり感想を述べることを苦手としています。他の勉強が得意なのであれば、そちらを伸ばしてあげられるとよいでしょう。国語の文章題は本文中から単純に抜き出すことで解ける問題の方が多いため、そちらを取りこぼさないよう解答のルールやテクニックを教えてあげてください。

感想文や作文については、「素晴らしいものを書く」ことではなく**「締切とルールを守って書く」**ことに目標を設定してあげてください。感想を書きたがらず事実だけを羅列したがる傾向にあるため、まずはひとつでも「〜と思いました」というようなことを書けたら褒めてあげましょう。併せて、**「〜に驚きました」「またやりたいです」というような便利なキーワード**を教えてあげてください。大人になったら感想文や作文を書く機会はほとんどなくなります。繰り返しになりますが、それ自体を「書く能力」ではなく**「課題をこなすための力」**を養ってあげてください。

Q 宿題ができない

軽度の学習障害がある小学5年生です。漢字学習が難しいため、宿題が全くできず、困っています。

A **宿題というのは実はマルチタスクです。**宿題を出されたら、その内容と締切を覚えておかなければならず、それが難しいようならメモをとらなければいけません。さらに自宅に帰ってから宿題の存在を思い出し（あるいはメモをチェックし）、宿題にとりかかり、ばっちり完成させた後にカバンにしまい込み、締切当日に先生に提出する…という、一口に宿題といっても細かい作業がいくつも発生するのです。

つまり**段取り下手なタイプの発達障害のお子さんは、勉強の得手不得手にかかわらず「宿題」というものがそもそも困難**なので、始めから自立的に行うことは難しく、大人のフォローが必要となります。今回ご相談いただいた方の場合で言えば、勉強自体の苦手さもあるので、まずは自立に向けたサポートが望まれます。

余談ですが、「軽度」「中度」「重度」と分類されるようになったのは最近で、2013年に改訂されたアメリカ精神医学会の精神疾患の診断基準のひとつである「DSM－5」から始まっています。もっと言うと「学習障害（LD）」という名称も「限局性学習障害（SLD）」という表記に変わったようですが、まだ世間的になじみがないので当社ではしばらくは「学習障害（LD）」と呼んでいくことになると思います。

Q

勉強で目立つケアレスミス　生活では？

小学6年生の男子でADHDと診断を受けました。勉強面においてはケアレスミスが目立ちます。ケアレスミスを防ぐことはできますか？

A

学習面でのケアレスミスが多い訳ですね。日常生活ではどうでしょうか？　忘れ物はありませんか？　遅刻はしませんか？　宿題は出せていますか？

小学生の間は保護者の方が介入をしていて気づきにくいかもしれませんが、実は**日常生活でも「うっかり」は起こりやすく**、中学に上がっていざ親の手の届かない領域ができた時に困りがちです。必要な範囲をサポートすることは大切ですが、どこまではお子さん自身で取り組めて、どこからができないのかということを常に気にしながら、なるべく**自立的に取り組めるよう支援**をしていく必要があるでしょう。

学習時のケアレスミスの対応としては、**「間違い直しの習慣をつける」**というのが方法のひとつとして考えられます。発達障害のあるお子さんで、見直しを嫌う・しないお子さんはとても多いです。というのも、一度解くだけでも負荷が強いため、2回も同じ問題を見る気力がなかったり、普通に解くのと違って目視で確認をしなければいけないため、不注意傾向が強い子には集中がより難しくなるからです。

まずは、間違いだと指摘する範囲を少しずつ大きくしていくようにしていってください。

例えば10ページの大問3の②の問題を間違えていたとしたら、最初のステップでは「②の問題に間違いがあるので、探してください」と伝え、徐々に「大問3の中に……」、「10ページの中に……」というように指定する範囲を広げていくとよいでしょう。**自主的に間違い探しができるキャパシティを大きくしていってあげる**ことが重要です。

また、「間違い探しをする」ということ自体を目標にした問題を出すのも有効です。数問の問題とその途中式・解答を示して、「この中に間違いがあるので探してみましょう」という課題をだします。その際に、流し見るのではなくひとつひとつの数字や符号を確認していくといった手順を教えてください。

自分で問題を解くという負荷がない分、「さっきやったのに」というモヤモヤした気持ちを抱えずに見直しに取り組むことができるため、**ストレスが少ない状態で「間違いを直して正解にたどり着けた！」という成功体験**を積むことができます。

Q

支援級のお子さんの学力向上

小学4年生男子です。国語と算数は支援級で学び、それ以外の教科は普通級で授業を受けています。家庭教師や塾なども利用していますが、思うように成績がありません。どうしたらいいでしょうか？

A

学習へのモチベーションを高めたり、ご本人にあった学習方法を身につけることで成績があがることもありますが、今現在、既に家庭教師や塾を利用して水準の高い教育環境をご用意されていることから考えると、今後大きく向上することは難しいかもしれません。

学力向上を考えた場合、上を望めばキリがありません。そのため、**お子さんのしたいことやできることから将来を予測して逆算した目標設定をすることをおすすめします。**将来像によっては無理に学年相応の学力レベルを求める必要がないかもしれませんし、勉強をしている時間にもっと別のことをした方がご本人のためになるかもしれません。

高い学力をもっていても、学生時代に自尊心を損ねてしまい、継続して就労することが難しい方もたくさんいらっしゃいます。**勉強を通じて自信をつけたり達成感を得たりしながら、強い心を育んでいけることが理想**です。勉強をすることで〝できない〟を積み重ねてしまわないようご注意いただければと思います。

Q

友人ができない

友人ができず、孤立感に悩んでおります。対処方法はありますか?

A

友人関係の築き方にも発達段階があり、年齢やお子さんの状態に合わせて考えていく必要があります。ここでは大人が仲介していく場合の基本的なステップについて書きます。まずは、**学校にこだわらずにご本人が好きになれる活動場所を一緒に探してあげてください。**そこではお友達を作りに行く! というわけではなく純粋に活動自体を楽しめればよいです。交流がなくても、同じ空間で同じ活動を楽しんでいる人がいる、というのが最初の一歩になります。

次に、物の貸し借りをするなど機能的なコミュニケーションをとり始めましょう。場合によっては大人が橋渡しをしてあげてください。同年代同士で直接やりとりができなくても、大人を介してコミュニケーションがとれる、という段階までいくと理想的です。そのあとは仲介役の大人がフェイドアウトしつつ、活動の中で共通の目的を与えてあげてください。相性が合えば子ども同士でのやりとりが生まれてくるでしょう。

……と書いてはみましたが、大人が子ども同士を意図的につなげようとしても、お子さんにその気がなければあまりうまくいかないので、**必ずご本人の意思を尊重しながらサポートをしてあげてください。**TEENS(当社運営の放課後等デイサービス)に通う子どもたちを見ていると、友達になるのにとても時間がかかるタイプが多く、1年以上かけてじわじわと仲良くなっていく例をいくつも見てきました。焦らず気長に見ていきましょう。

Q

放課後等デイサービスの選び方

小学4年生で学習障害があります。友達とのコミュニケーションにも自信がないようです。近所の放課後等デイサービスに通っていますが、あまり合わないようで、積極的に行きたがりません。家から遠くても、別な放課後等デイサービスに変えようかと思っています。選び方のコツはありますか？

A

放課後等デイサービスは現在全国で9300ヵ所以上あると言われています（厚生労働省「平成28年社会福祉施設等調査の概況」）。多くの「放デイ」は真剣に子どもたちと向き合って支援をしていますが、残念ながらDVDを見せるだけ、ドライブをするだけといった、内容が不十分な事業所があるのも事実のようです。2017年の4月から開設要件が厳格化されたので、あまりにおかしいところはなくなっていくことを期待したいですね。

ちなみに、「放デイ」と一口に言っても内容は様々です。居場所重視型を行う事業所、学習支援やSST（ソーシャル・スキルズ・トレーニング）プログラムを行う事業所、運動プログラムや遊びのプログラムを行う事業所などなど……。行政窓口に頼りつつ、見学や体験を通してお子さんに一番必要なサービスを選びましょう。なお、お子さんとご家族の健やかな日々や将来のための福祉サービスなので、**利用すること自体が負担にならない程度の通所範囲で考えていただけるとよい**かと思います。自力での通所が難しい場合は、ガイドヘルパーなどの送迎サービスを活用することもひとつの手段です。

Q

不登校と受給者証

学校を休みがちです。不登校になると、放課後等デイサービスの受給者証は更新できなくなるのでしょうか？

A

放課後等デイサービスとありますが、放課後以外の利用もできます。例えば土日、長期休暇です。また義務教育の場合は、学校の所属が奪われるわけではないので、不登校であっても放課後等デイサービスの利用はできます。行政上の盲点というか、解釈がわかれそうなのが、高校生の年代（つまり15〜18歳）で在籍している学校がない場合、放課後等デイサービスを使ってはならぬ、と言いますか、使えるとは書いていない、ということで不許可になっている自治体があることです。行政とよく相談されることをおすすめします。

Q

他人の言動を攻撃と捉えてしまう

小学生男子。人への不信感がとても強いようです。他人のささいな言動でもすぐ自分への攻撃と捉えてしまい、突発的に切れてしまいます。

A

対応はいくつか考えられますが、今回は切れてしまった時の対応についてお答えします。まず、怒り出してしまった段階でいくら諭《さと》しても相手には届かずに、むしろ悪化させてしまうので、**まずは落ち着かせることを最優先**に考えてください。しばらく離れた方がいいかもしれませんし、言葉をオウム返しして話を聞いている、というのを示すのがいいかもしれません。そのあたりは**どういった方法が一番合うのか探っていく必要があります。**

振り返りや反省は落ちついてから行いましょう。この時、怒りがぶり返さないよう、できれば怒った時に関わっていた人とは別の**第三者が情報を整理してあげられるとよいです。**怒った理由、その時のご本人の認識、周囲の認識、感情の度合いなどを振り返りましょう。

ちなみに、事実とご本人の認識とを区別して整理していくのはそれほど簡単ではありません。ご家庭で行うには荷が重い場合は、専門性のある人にお願いをして、どういったやりとりをしたのか参考にするとよいでしょう。

Q

学校外に出て行くべきか？

発達障害がある小学生男子です。パソコンが好きで、外部のパソコン講座に興味をもちました。学校以外の場に積極的に参加したほうがよいのでしょうか？

A

中学生になる前に、**ご家族以外の他者との関係性を作っておくということは非常に重要**です。子どもの世界は放っておいても自然に広がっていくものですが、発達障害のあるお子さんの場合、家庭外での人間関係を築くことが苦手で、自発的にはできない場合があります。大人になるための準備期間に頼れる人を増やしていけるよう、小学生の頃から環境の準備をしていかれると理想的です。

Q

普通級で対人関係がうまくいかない

小3男児です。普通級に通っていますが、対人関係がうまくいきません。友達と関わりたいという気持ちはあってもうまくいかないようで、自信をなくしています。からかわれたりいじめられたりすることもあるようで、親としてつらいです。二次障害が出る前に支援級に変わったほうがよいのでしょうか？

A

お子さんによって通級や支援級の使い方は変わります。ご質問を読ませていただく限りは、今のうちは**しっかりと支援級に在籍して自信を高めて**から、中学校や高校で普通級を目指すほうが良いように思います（お子さんによっては逆のケースもありますし、普通級で初めから終わりまでというケースももちろんあります）。二次障害が現実的な恐れとして出てきているようでしたら、早めに落ち着いた静かな環境に変えることをおすすめします。

Q

コミュニケーションの訓練

コミュニケーションが苦手です。コミュニケーションの訓練はどのようにしたらよいのでしょうか？

A

当社の場合をお話ししますと、何か特別なことをしているわけではなく、支援の王道（と当社が思っていること）をしっかり行うことを大切にしています。特にコミュニケーションの面では、**「Here and Now」**を大事にしています。**「ここ」で「いま」指摘する**ということです。発達障害の人はなかなか知識で覚えても、知識だけでとどまって行動に移せないことがしばしばあります。ですから、事前にいくら〝正しい〟コミュニケーション方法を詰め込んでも、実際の場で円滑なコミュニケーションをとるのは難しいことが多いです。

ではどうするかというと、よろしくない言動があったら、その場（Here）ですぐ（Now）に指摘し、かつ、**どのようにすればよかったかの改善案を伝える**、ということだと思います。

Here and Nowの繰り返し、徹底が、当社の方針ですし、実はご家庭、学校を含め、どのコミュニケーション訓練でも必要な要素だと思います。

Q

衝動的な感情や行動をコントロールできない

小学生の息子は衝動的な感情や行動を自分でコントロールすることがなかなかできないため、対応に困ることが多いです。成長して大人になっても今のまま感情をコントロールできなかったらどうしよう、と不安になります。

A

衝動性のコントロールについては、専門的な支援は受けている前提で、保護者としての心構えについてアドバイスさせていただきます。

まずは、**ご本人にとって無理のない環境下で理解のある大人からサポートを受けられていれば、年齢とともに落ち着いていく場合が多いです。**あまり焦らずに、成長を見守ってあげてください。

とはいえ、その場その場では対応に苦慮することが多いと思います。衝動的な行動が起こった時、他者やご自身に危害が加わるような状況であれば、まず安全確保を優先してください。そうでなければ落ち着くのを待ちましょう（多少物を投げるくらいであれば、無理に止めないで落ちつくのを待った方がよいです）。

そして、振り返りや指導は必ずご本人の状態が落ち着いてから行うようにしてください。衝動的・感情的になっている時に言葉を重ねるのは逆効果です。

衝動的な行動が起こってしまったら、**①その場は諦める、②切り替えられてから振り返る、③同じような状況になりそうな時に事前にどうすべきか確認をしておく、の3ステップ**でご対応ください。

Q

将来の夢

息子は現在10歳で支援級に在籍しています。息子には、将来の夢を持ってもらいたいと思っています。そのために今やるべきことは何かを、うっすらとでも理解してもらいたいと思っているのですが……。

A

将来の夢とやるべきことの理解についてですね。10歳という年齢を考えると、どちらもあった方がいいかもしれませんが、なくても全く問題ないと思います。

発達障害の有無にかかわらず、このくらいの年齢で就労という目標に対してのマイルストーンをなんとなくでも理解するというのは、結構難しいことです。もちろん、発達障害のある子どもの場合「成長すればそのうち自然に考えられるようになる」というのが期待しにくいため、**どこかで大人と一緒に方向性をすり合わせることが必要**になります。しかし、タイミングとしては中高生になってからでも遅くはないでしょう。

学校の勉強でも習い事でも、将来のために必要だと認識しているというよりは、やれと言われたから・楽しいから・褒められるから、というくらいの感覚で取り組んでいるお子さんが大半です。就労にまっすぐつながっているように見える*「お仕事体験」でさえも、将来役に立つということを理解して取り組んでいる子どもはほとんどいないですし、私どももそれでよいと考えています。後で振り返った時に、「ああ、あの時の経験が今役に立っているんだな」と気がついてもらえたら十分です。

ですので、今現在は将来について考えさせるというよりも、もう少し大きくなった時のために様々な活動に取り組ませてあげてください。**きっとその経験が、将来の希望や選択肢を増やしてくれる**はずです。

＊お仕事体験…TEENS（当社運営の放課後デイサービス）で行っているプログラム。仕事の体験をしながら大人になってから必要なコミュニケーション等を学ぶ場。

Q

不適応を起こしやすい

小学生の子どもと進路の見学会、説明会に親子で参加しましたが、対外的な構えができておらず、慣れない環境に不適応を起こしやすいため、指示を守らなかったり、集団行動ができなかったり、余計な発言をしてしまうなど、態度が悪い点が散見されました。対外的な機会の場数を踏むしかないと思いますが、親としてできることはないでしょうか。将来に向けての話をするといやがったりします。それでも、基本的な生活自立、就労への意識をもってほしいとは思っています。

A

「対外的な構え」とあるので、普段とはあきらかに異なる行動が見られたということでしょうか？　確かに進路の見学会や説明会というのは緊張感のある空間ですし、そういった空間に慣れていないお子さんにとってはしんどい時間だったことでしょう。

場数はもちろん重要ですが、この状態で回数だけ増やしても失敗経験が増えてしまい、かえってよくないと思います。**ポイントとしては、スモールステップを意識した上で経験を積んでいくことです。**

一口に「対外的な機会」といっても集まっている人数や緊張感、フォーマルさの度合いなど様々でしょう。まずご本人が適応できている段階から一段階難しいと思われる場所にチャレンジするところから始めてください。また、行きたい場所、行きたくない場所、どちらでもない場所というような段階分けもあります。苦手な空間でも、ご本人にとって魅力的な活動機会を提供している場所を選ぶなど、**心理的な負荷が少ない環境から始めてみて徐々にならしていかれるとよい**でしょう。

将来に向けての話を嫌がる理由は、探ってみないとはっきりとはわかりませんが、それほど珍しいことでもないです。その子の性格にもよりますが、「親と改まって話をすることが恥ずかしかったり嫌悪感を覚える」という発達段階まで成長した結果の場合が多いので、むしろ前向きに捉えた方がよいかもしれません。それでも話したいことがあれば、お子さんにとっても話がしやすく、保護者の方とも密に連絡がとれる第三者に橋渡しをしてもらうことをおすすめします（この本の中では〝第三者〟という言葉を多用していますが、中高生も対応している支援機関をイメージしています。知的な障害や行動障害が重いわけではない発達障害のあるお子さんが、放課後等デイサービスのような支援機関を利用する意味のひとつとして、こういった本人－保護者や保護者・本人－学校の間をつなぐことがあげられるでしょう）。

Q

先生と合わない

学校の先生と合わなくて困っています。「お子さんはやればできる子ですよ」「子どもの可能性を信じて」と言って、無理に頑張らせようとしてきます。ベテランで評判のよい先生だったのですが……。先生と方針が合わない場合は、どう対応すればよいでしょうか？

A

〝ベテランの先生＝発達障害児の指導においてもベテラン〟とは限りません。発達障害というのは今でこそ名が知られるようになりましたし、教員になるための講義の中でも取り扱われるようになりました。こうした事情から、若い先生の方が発達障害に理解があり、ベテランの先生の方が理解に乏しい……ということはままあります（もちろん、個人で見ていった場合は異なります）。

こういう時に私がよくアドバイスするのが**「第三者に橋渡しを頼みましょう」**です。今回は具体的にどういった橋渡しがあるのか例をあげてみます。

お子さんを取り巻く関係者、福祉サービス事業者やケースワーカー、学校の先生などを集めて行う**「関係者会議」**と呼ばれるものがあります。ここでは保護者や本人のニーズをくみ取りながら、教育・支援の方向性を定め、それぞれの機関の役割を明確にしていきます。保護者の方から言いにくいことを、ケースワーカーの方に代弁していただいたり、お互いの主張のすり合わせをすることができます。関係者会議を行いたいときは、まずはケースワーカーの方に相談をしてみてください。

Q

お小遣いは与えるべきか

小学5年の男児。お小遣いをどのように与えるべきかで悩んでいます。トレーディングカードやベイブレードが好きで、買いたいようです。兄が二人おり、兄たちはお小遣い制です。今は買いたいものがある時はその都度話しあって与えていますが、将来的に金銭感覚をどのように身につけさせていけばよいのでしょうか。

A

スタンダードなお小遣い制度としては、①不定期型、②月額型、③報酬型の3パターンが考えられます。始めの段階は質問者様のように欲しいものができたときにあげる、不定期型から始める場合が多いかと思います。ただ、それでは計画性は養われないため、小学生の間には②、③に移行していくのが理想的です。

報酬型（お手伝いをしたら○円、といった形式）は「働くことの対価」を実感してもらうにはよい方法ですが、「お手伝いはお小遣いをもらわないとしなくてよいもの」といった誤学習をさせてしまうリスクもあります。お手伝い後に淡々とお金を渡すだけでなく、**感謝の気持ちや成果・効果**（すぐにお皿洗いをしてくれたからみんなの自由時間が増えたね、等）**の共有**ができるとよいでしょう。

なお、渡し方だけでなく、使い道のルールも事前に設定できるとよいでしょう。**人には貸さない、奢ったりしない、**などが考えられます。

そして**それ以上は大人が口出ししない**ことも重要です。大人にとっては不要なものに見えても、自分のお金でほしいものを買う、という経験自体がお金を大切にする意識に結び付いていきます。

column 1

発達障害児が好きな教科・嫌いな教科

かつて、当社で好きな教科と嫌いな教科のアンケートをとったことがあります。厳密に集計したわけではないのですが、あるはっきりとした傾向が見られたのも事実なので、印象に残っているところをご紹介したいと思います。

まず、得意＝好きな教科としてよく挙がるのが、**社会と理科**です。記憶系であり、目で見ることができる具体的な事象について学ぶことが多い教科なので、想像力の面で厳しさがあっても、それが目立たないのだと思います。

次は、**英語**がやや抜けています。こちらも複雑さがなく、記憶でカバーしやすい教科とも言えます。そして英語を追いかける形で**数学・算数や国語**が出てきます。実は数学・算数、国語は得意と苦手がかなり極端に分かれる教科です。平均をとると中くらいという結果になっていました。

一方で、そこまで差がない（統計的に言うと分散が少ない）科目は、**美術と音楽**です。好きな人と嫌いな人が極端に分かれず、ほぼ3位集団をうかがう位置に着けていました。そして最後、

ダントツの最下位が、体育。これは球技などで〝動的なコミュニケーション〟を多用することが多いからということもありますし、単純に運動神経が鈍い（感覚統合などができておらず、姿勢が悪い、動作が鈍い、バランスが悪い）から、ということもあるでしょう。

ただし、この苦手な体育でも、ある程度やっていけるのが、**マラソンと水泳**です。両方とも反復運動で、しかも個人種目。球技のような全体状況を見ての臨機応変な対応は必要ではなく、型をひたすら繰り返すというのがあっているのでしょう。

このような傾向を頭に入れてお子さんに接すると、その子の特徴をとらえやすくなるような気がしています。子どもの特徴は授業の成績で出る部分が多いので、学校の成績からその子の将来像を予測するのが、発達障害支援の場でも有用と言えましょう。

column 2

時間を守ることをどう教える？

「○時になったら〜しようね」「もう○時だから終わりにするよ」

お子さんに時間を守らせることに苦労されている親御さんは多いのではないでしょうか。自閉症スペクトラムのお子さんは時間によって次の行動へ切り替える、つまり時間管理がうまくできないことが多いようです。

なぜ時間を意識するのが難しいのかというと、**時間は目に見えない**からです。自閉症スペクトラムのお子さんは明瞭化された情報を集めたり記憶したりすることは得意ですが、時間や感情といった〝目に見えないもの〟を感じることが苦手なタイプなお子さんがいます。

切り替えがうまくいかない原因は、

①先の見通しがたっておらず、次に何をしてよいのかわからず混乱しているため
②現在取り組んでいる好きな活動をやめられないため
③次に控えている活動が嫌い／苦手なため

の主に3つが考えられます。

①の場合は、活動の全体像がわかるようにスケジュールを共有しましょう。共有の仕方はそのお子さんが理解しやすい方法にする必要があります。文字で示すのか・イラストで示すのか、カード式がよいのか・アプリなどを利用したほうがよいのか……。〝情報を脳がどう処理するか〟は人によって異なるため、その子にあった方法を模索していかれるとよいでしょう。

②の場合は、事前のルール設定が重要です。ゲームでボスと戦っている真っ最中に「時間になったからやめてね！」と言っても確かに納得いかないでしょう。時間で区切るのか、活動単位（例えば○回やったら、ここまで行ったら、など）で区切るのか、お子さんと相談をしたうえでお子さん自身が納得感のある〝やめ時〟を決めましょう。

この場合注意すべき点は2つです。

ひとつは、**最初に決めた〝やめ時〟は基本的には守るようにしましょう。**ここで何の交渉もなく延長を許してしまうと、ずるずるといってしまう可能性があるためご注意ください。

ふたつめは、**切り替えられたら必ず褒めましょう。**約束をしていたからといって、その通りに行動することは簡単ではありません。特に切り替えが苦手なお子さんであれば、たくさん褒めてあげてください。

最後に③の場合です。③の場合は〝嫌い〟の度合いが低い活動から練習をしていきましょう。まずは好きな活動への切り替え、次に好きでも嫌いでもない活動への切り替え、その次は少し苦手だけど終わった後にはいいことがある活動への切り替え……というようにハードルを少しずつ変えていくイメージです。

切り替えの課題は適切な対応をしていれば、**年齢を追うごとに和らいでいく場合が多いです。根気強く頑張りましょう。**

第4章

中学生の発達障害

中学進学にあたり、
公立校の普通級にするか特別支援級にするか、
私立校にするかの選択を再度しなくてはなりません。
また、中学生になると他のお子様との違いが大きくなり、
ご本人も「人と違う」ことに気づくことが多くなります。
告知についてどうするか、専門家と相談をしながら
本人の得意なことと苦手なこと、
そして適切な対処方法を併せて教えてあげましょう。

中学生への対応ポイント

❶ 告知をする際には、正しい知識をはっきりと伝える
❷ 将来を見据えた進路を、お子さん自身の意思を尊重しながら選ぶ
❸ 身だしなみや他者を意識した振る舞いを教えていく

中学進学にあたり、公立校の普通級にするか特別支援級にするか、私立校にするかの選択を再度しなくてはなりません。そして、小学校進学の頃とは異なり、お子さん自身の意思が最も大事になります。特に首都圏は様々な私立があり、受験率も高く、ご家族としても周囲に影響をされて右往左往しがちです。どのような環境を選ぶべきか、現状・将来を冷静に見極めながら、ご本人の意思を上手に引き出し、決定ができるとよいでしょう。

また、中学生になると他のお子さんとの違いが大きくなり、**ご本人も「人と違う」ことに気づくことが多くなります。**このため、**告知をするかどうか、**するならどのようにすべきかについて考える方も多くなる時期です。診断を告げることで、ずれの原因がわかり、かえって気持ちが楽になったり、ご本人も自覚しながら対策を打てたりと、プラス面が多くあります。本人が受け入れて理解ができる状況だと判断したら、早めに告知ができるとよいでしょう。告知をする際に重要なのは、**正しい知識をはっきりと告げる**ことです。「いつか治る、努力でどうにかなる」といったように必要以上に期待をもたせることや、否定的なことだけ伝えるのはNG。バランスが重要です。**本人の得意なことと苦手なこと、そして適切な対処方法**を併せて教えてあげましょう。

Q

中学で通常級は可能か？

小学校では特別支援学級に在籍していました。高校受験のことを考えると中学は通常級に行かせたいと思いますが、可能でしょうか。

A

もちろん可能です。小学校6年間で行動面の課題が改善され、中学校では通常級を選ぶということはよくあります。しかし、通常級と特別支援級とでは環境が大きく異なります。小学校のうちから順調に交流級に参加することができるなど、集団生活に不安がない場合に考えていけるとよいでしょう。また、ご本人にもそのことを詳しく説明しておく必要があります。うまく行かないことがあっても、場合によっては特別支援学級に戻ることがあっても、**決して失敗ではなく学びだ**というように、前もって悪いケースも肯定的に伝えておくとよいでしょう。

Q

不注意が目立つ

中学校に上がり多動傾向は治まりましたが、今度は不注意傾向が目立つようになりました。どのような対処が考えられるでしょうか。

A

保護者が物やスケジュールの管理をしていた小学校時代と異なり、中学にあがり、忘れ物が多くなったり配布物が持ち帰られなくなることはよくある例です。自立的な生活を促し、スケジュールや物を管理するための方略を教えていきましょう。早いうちから予定帳や手順書を作る、ルーティンでも必ず確認してから行動するなどの習慣を身に付けることが望ましいです。併せて保護者が本人にはわからないように見守ってあげられるとよいでしょう。

習慣づいて自分で気がつけるようになるまでは、長い期間の訓練が必要となります。本人が忘れてしまっていることがあれば、直接的に忘れている事柄について言及するのではなく、「何か忘れていない？」というように**本人が気づくきっかけを作ってあげてください。**

Q

思春期の息子への対応

中学2年になる息子が反抗期の兆しもなく親離れができていません。周りのお子さんは思春期に入り、親と距離を置いているようです。親離れを促すためにこちらから突き放す、などの対応が必要でしょうか。

A

一般的には反抗期が始まる時期ですが、精神面の成長がゆっくりな発達障害のお子さんたちは親離れも定型発達のお子さんたちよりもゆっくりな傾向にあります。しかし、焦ってお子さんを無理に突き放す必要はありません。**中学生になったからといって、ひとりで全てをできるようになるわけではない**のです。引き続きできるだけ自立的な行動を促しながら、生活面・学習面ともに親御さんがサポートをしていくのが望ましいでしょう。

なお、併せて考えていきたいことが2点あります。**ひとつは親以外の頼れる大人を見つける**ということです。親に言いにくい悩みがあれば、学校の先生やスクールカウンセラー、主治医などに相談してよいことを教えてあげましょう。

2点目はスキンシップは中学生になったら控えることです。こちらについては「中学生になったから」ときちんと本人に説明をしましょう。人との距離感がつかみにくい発達障害のお子さんにとって、同性・異性間問わず、コミュニケーションの常識について言葉にしてはっきりと伝えていく必要があります。特に異性とのスキンシップは、場合によってはトラブルにつながってしまうため、ある程度の年齢になったら異性の肌に気軽に触れてはいけないことを伝えていきましょう。

Q

診断名が変わった？

幼少期にASD（自閉症スペクトラム・アスペルガー症候群）の診断を受けましたが、中学生になったらADHD（注意欠如多動性障害）に変わりました。こういうことはあるのでしょうか？

A

障害が原因だと思われていた行動が実は年齢的なもので、成長するにつれ本当の障害特性が見えやすくなり診断名が変わる、ということはよくあります。また、以前は自閉症とその他の発達障害は併発しないと考えられていましたが、2013年に診断基準が改訂されたことにより、併存する可能性が認められました。これにより診断名が〝増える〟例もでてきています。

しかし、発達障害児を教育・支援していく上で**診断名はあまり重要ではありません。**「自閉症だから」「ADHDだから」「LDだから」というような考え方はせず、常に本人の様子や行動を見て、原因を考えた上で対応をしていくことを心がけましょう。

Q

同年代の友人がほしい

中学2年生男子です。思春期ならではの悩みがたくさんありますが、悩みを共有したり相談できたりする同年代の友人がなかなかできません。どうすれば同年代の友人ができるでしょうか。

A

同年代との友人関係というのは、精神的な成長を促すために非常に重要です。一方で、対等な関係である友人関係は、それを維持するためにお互いに対人力と努力が必要となります。そのため、配慮をしてくれる大人とのコミュニケーションはとれるが同年代とのやりとりは難しい、という発達障害のお子さんは少なくありません。今回ご相談いただいた方のお子さんがどの程度コミュニケーションがとれるのかはわかりませんが、**理解のある、家族ではない大人と信頼関係を築くこと**が、最初の一歩としてはよいかと思います。その後に同年代との関係に応用していくことをお考えください。

Q

書字の困難さ

中学2年、通級に通う男子です。書字が大変汚く、普段の勉強や定期テストなどに大変困っています。また教科の中で数学が理解できなくなってきました。

A

何に対してもそうなのですが、**困り感の理由を探るのが第一課題**です。書字が汚いのは視覚の問題なのか、手先の問題なのか、そういったあたりをまず確認したいです。数学が理解できないとのことですが、実は算数の時点で躓《つまず》いてはいないかという点も確認ポイントとなります。お子さんご自身がその原因を自覚することはまずもって難しいです。ＷＩＳＣなどの心理検査はそれを知るためのものなので、**一度専門家に見てもらってから、適切で丁寧な指導を受**

けることが望まれます。なお、今回の場合は中学生という年齢を考えると、書字に注力していくよりは**タイピングなど代替行動**を教えてあげる方がよいかと思います。数学は苦手なようですが、英語や社会や他の科目はいかがでしょうか。ご本人の興味のある分野において、文字を書くこと自体がハードルにならないような勉強法を教えてあげるのがよいと思います。

Q

板書が苦手

授業で黒板を書き写す等の書く作業がとても苦手な中学生男子です。将来仕事をする際にも書くことは必要だと思うので、書字をがんばらせたいのですが、つらそうな様子です。無理にがんばらせるより、ICT機器を使う合理的配慮を学校に求めたほうがよいのでしょうか。

A

苦手さの度合いにもよりますが、もう中学生という年齢を加味すると、訓練で何とかなる問題ではない可能性が高いです。あまりにつらい様子であれば、ICT機器を活用することをおすすめします。ではどういった使い分けをしていくかということですが、ポイントとしては、**書くことの困難さが学習の妨げになっているかどうか**、というところです。例えば、社会のレポートを作成したいときはどうでしょうか。頭の中に答えはあっても、書字の困難さからアウトプットができないと「全くわかっていない」と判断されてしまいます。ICT機器を使ってレポートを作成することができれば、わかっていることが表現できますし、添削を受けるなど次のステップに進むことができます。こういった場合はぜひ**手で書くことにこだわらない方法をおすすめします**。

一方で、漢字の練習など、書くこと自体を課題として取り組む学習には、書字で対応していかれるとよいでしょう。漢字の学習は読みの力や語彙力の向上にも有益です。ただこれも代替方法はありますので、ご本人の状況や将来像を考えて取り組んでいってください。

余談ですが、黒板の書き写しというのは**非常に難易度が高い**です。距離が離れている場所にある情報を、一旦頭にいれてから手元に書き写すというのはワーキングメモリーも求められるため、動作性に苦手さを抱える発達障害のお子さんには非常に苦しい作業となります。板書というのはそれ自体が目的なわけではなく、学習手段のひとつにすぎません。板書の写真撮影やプリントの使用など、他の手立てを考えてあげられるとよいでしょう。

Q

英語ができない

ひらがなや漢字はできるのに、アルファベットの読み書きができません。なぜ？

A

ひらがな・カタカナ・漢字の習得にはあまり困難を示さなかったものの、英語でつまずいてしまうというLD（学習障害）の方は存在します。ひらがなやカタカナは読み方がひとつだけですが、アルファベットは文字が同じ「a」でも「cat」と「saw」といったように綴りによって読み方が異なります。また、漢字のように意味が伴いません。こういった言語の特性の違いから、アルファベットにだけ困難を示すということはありえるようです。

Q

テストで点数が取れない

広汎性発達障害のある中学3年生です。IQは低くなく学習障害もないので普段の授業は理解していますが、なぜかテストで点数が取れません。

A

実際のところは専門家にみてもらうことをおすすめしますが、今回は可能性のひとつについてお話しします。IQは低くないと言っても、どこかの分野は強くどこかの分野が弱い、というのが発達障害の特徴です。全体のIQが高いとしても、「処理速度」とよばれる、ものごとを咀嚼《そしゃく》して実行していくスピードがゆっくりな方がいます。そうすると自分のペースで取り組める範囲では順調に取り組めたとしても、時間制限のある状況下では自分の能力を十分に発揮できなくなります。この場合の対応としては、解きやすい問題からこなしていく習慣をつける、学校に相談して試験時間をのばしてもらうような「合理的配慮」を求める、などが考えられます。何にせよ**ご本人がさぼっているわけでは決してない**ので、誤解がないよう保護者の方も協力しながら学校の先生にお伝えしていくことが大切です。

Q

ＩＱを高めるには？

アスペルガー症候群と診断された中学生です。検査でのＩＱの値はかなり高いですが、より高くしていきたいと考えています。今後どのようにしたらよいかアドバイスをお願いします。

A

ＩＱの数値よりも、どんな力を伸ばしたいのか、何が課題となっているかで必要な支援を考えていただくとよいと思います。もし「数学オリンピックに参加したい！」と考えている子であれば、専門の塾に通った方がよいでしょう。対人関係でうまくいかず自尊心が低下しているお子さんには、まずは疑似社会の中で社会スキルを磨いていかれるのが理想的です。

なお、ＩＱとは「同年齢の集団においてどの程度の発達レベルなのか」を測り、数値化した指標です。もちろんそれだけですべてが測れるわけではありません。**高すぎても低すぎても同年齢の集団の中で過ごしにくさを感じやすくなる**と言われています。特に発達に凸凹がある場合は周囲から誤解を受けやすいため、学校やご家庭、習い事などの主な所属集団の中にはご本人の特性を理解してくれる人がいることが望ましいと言えます。

Q

自分の気持ちを伝えたい

中学2年生です。気持ちを伝えることが不得意で、友達や先生など、他者とのコミュニケーションがうまくいきません。自分の気持ちを上手に伝えるにはどうすればよいのでしょうか？

A

発達障害のお子さんにとって、気持ちを伝えることはなかなか難しいことです。一つは気持ちというのはとらえどころがなく目に見えないので、構造化されておらず、自分の気持ちですら把握ができにくいものだからです。

次に気持ちがある程度理解できたとしても、それを言語化する、いわゆるコミュニケーション力が弱い場合があります。そして言語力が十分であったとしても、適切な場面で適切な人に伝えるという社会性の面が足りない場合もあります。

なおもちろんご本人の問題というよりも、周囲が刺々《とげとげ》しくご本人が気持ちを共有したいと思える環境ではないかもしれませんし、気持ちを伝えることで自分が得をするという知識自体がまだ乏しいことも考えられます。**気持ちを伝える一つにしても様々に仮説を持って接することが必要**かと思います。

Q

女の子同士のコミュニケーション

中2女子。女の子同士のグループでうまくいきません。どうすればよいでしょうか。

A

思春期の女子同士のコミュニケーションは空気の読み合いをしなければならない場面が多く、高いコミュニケーションスキルが必要とされます。また、発達障害は女性の方が発症率が少ない障害とされています。そのため、同質の友達を探すことが男の子よりも難しいのです。**思春期のお子さんには、身だしなみを整える方法や比喩的な表現の意味を教えてあげるなどの指導が必要**になります。併せて、「クラスメイトだけが人間関係の全てではない」という広い視野を持てるようにしてあげることも大切です。部活動や習い事など同じ趣味をもつ人間の集まりの中で、背伸びをしなくとも波長の合う友人を探していけるとよいでしょう。

Q

体臭がきつい

中学生の息子についてです。体臭がきつく、学校でからかわれるのが悩みなのですが、本人に「臭っている」という自覚がないようです。体質の問題もあるようですが、お風呂も適当に済ませてしまいますし、衛生観念が低く心配しています。どのように対処したらいいでしょうか？

A

発達障害のあるお子さんの中には、感覚の特異性があるタイプの子がいます。仮に嗅覚の特異性があった場合、感覚的に自覚していくのは難しいでしょう（発達障害のあるなしにかかわらず、そもそも自分の体臭というのは気になりにくいですしね）。

　ただ、中学生ということなので自立的に対処をしていかれるようにしないと、将来的にも困ったことになりそうです。早めの対応が必要ですね。

　対策として、**言語的・視覚的に示していく必要**があります。「匂い」を数値で示すような機械があるため、それを使用してもいいですし、「これくらいしっかり身体を洗わないと、○mくらい近づけば臭いと思われる可能性がある」といったように、現状を言語化して伝えていくのも一つの手です。

　ここでご注意していただきたいのは、**誰が伝え**

るか、ということです。中学生にもなると、保護者（特に母親）から身体的な指摘を受けるのはつらいでしょうし、かえって反発されてしまう可能性があります。できれば同性で、信頼のできる第三者からアドバイスをもらえる機会をもてると良いでしょう。

なお、こういった指摘をする時には真剣に伝えるか、少しおどけながら伝えるか、お子さんのタイプに合わせていく必要があります。私はよく「匂いイケメンを目指してみましょう」という言葉を使います。ショックを受けさせることではなく**行動を変えることが目的なので**、できれば前向きに、気づきを促していきましょう。

Q

性教育について

女子中学生の性教育についてです。最近異性の存在を気にするようになり、極端に短いスカートをはいたり化粧をするようになりました。それだけであれば年齢相応かとも思うのですが、危機管理意識があまりに低く、出会い系サイトに登録しようとするなどヒヤヒヤしています。

A

女の子の場合、周りのお子さんの成長が早いので、それに合わせているうちに大人びた視点をもち、一方で加減を考えたり、リスクを予測することが苦手なため、極端な行動に走ってしまう、ということはままあります。

性教育は非常に重要です。ですが、日本人の場合、親子間で性教育を行うことはあまり一般的ではなく、学校でもそれほど大きくは取り上げられません。お友達同士のやり取りの中で〝空気を読みながら〟自然に学習することが苦手な発達障害のお子さんには、顕在的に・意識的に学べる機会をもつことが重要です。

もしお子さんが精神的にまだ幼さがあったり、お母様との距離感が比較的近いようであればお母様からお話をしてあげられるとよいでしょう。

思春期が始まり、やや距離ができていたり反抗的になったりしている段階であれば、別の大人の女性（可能であればお子さんにとって尊敬できる人がいいですね）から話をしてもらえる機会を作ってあげてください。

この際に重要なのは、清廉潔白を求めないことです。親からしてみれば確かにスカートの丈は気になるでしょうが、流行《はや》りに合わせて短めにしたい、というのは年相応の感覚です。過度な締めつけはかえって反発を引き起こしたり、お子さん自身の自我や自尊心の発達に不利益なため、〝絶対にNGなこと〟を示しながら、あとはルールの中での自由は許容してあげてください。

Q

独り言がやめられない

中学1年の自閉症スペクトラム障害の男子です。アニメやユーチューバーさんのセリフをぶつぶつ独り言をいっている時がよくあります。その都度、注意していますが、あまり無理強いをして逆効果になる不安もあり、やんわりたしなめる程度にしています。やめさせたいのですが、どのように指導すればいいでしょうか?

A

「エコラリア」と呼ばれるものがあります。相手が言った内容をすぐにそのまま繰り返したり（即時性エコラリア）、ＣＭなどのセリフを時間をおいて繰り返したり（遅延性エコラリア）するものです。質問者様のお子さんの場合は遅延性エコラリアの可能性が高いでしょう。

もし対応を考えるのであれば、まず、**どんな時に言っているかに注目をしてあげてください**。不安な時、かまってほしい時、楽しい時、セリフに関連するようなことがあった時、興奮している時、特になにもない時……など。エコラリア自体がコミュニケーションの一種とも言えるため、知的な能力がそれほど低くないようであれば、他の意思疎通の方法を教えてあげるのも手段のひとつとしてあります。

ただし、年齢とともに落ち着いていく場合もありますが、生涯つきあっていく場合もあります。後者の場合は独り言が認められている環境を選択していきましょう。

Q

受験勉強はどうする

中学3年生です。来年、高校受験なので、勉強をどうしていったらいいかと悩んでいます。

A

一人一人によって対策は異なりますが、TEENS（当社運営の放課後等デイサービス）では3つを大切にしています。まず**一つ目は志望校を吟味すること**です。必要な支援が受けられ、お子さんご自身が興味を持てるような学校を選ぶことが重要です。「頑張って受かったら、あの学校に通える」という気持ちが、受験勉強のモチベーションにつながります。あまり自分の意思を表出しないタイプのお子さんですと、親御さんだけが見学や説明会に行って志望校を決めてしまう場合がありますが、これはできる限り避けましょう。明確に行きたい学校像を示すのが難しいお子さんには、複数の学校の情報を提示した上で、どれがよいかを自分で選べるようにしてあげてください。

二つ目は学習の計画を立てることです。発達障害児は先の見通しをもちながら計画を立てることを苦手としています。また、どの教科から勉強してよいかわからずに得意科目だけに取り組むお子さんもいらっしゃいます。そのため、①どの科目の、②どの部分を、③どの教材を使って、④どのくらいのペースで、⑤何を目標に、取り組んでいくのかを明確にしてあげましょう。予定通りいかなかった場合に追い詰められたりすることがないよう、ゆとりをもった計画にすることと、予定通りいかなかった場合の対処法を併せて教えてあげることが大切です。

三つ目は、「受からなかった場合」の話もきちんとすることです。根が真面目なタイプの多い発達障害児は、受験に失敗すると必要以上に自分を追いつめてしまうことがあります。第一志望に受からなかった場合に備えて、余裕のある滑り止め校を設定しておくこと、またその学校の良さもきちんと共有しておくことが大事です。

高校受験は大変なものですが、乗り越えられればお子さんにとって大きな自信につながります。全てを本人任せにしたり、焦って追いつめられるような状況にならないように配慮していきましょう。

なお、TEENSでは「ある程度学力的にゆとりのある高校に入って、推薦入試を狙っていく」ことをおすすめすることがあります。一発勝負が苦手だったり、高校に入って暗記だけでない応用力が問われたりする時に苦戦するお子さんが多いため、推薦入試を選択肢として持てるほうが良いと思っているからです。一般論にすぎませんが参考にしてください。

Q

公立中学支援級からの進路と進学準備

現在中学2年の息子は自閉症スペクトラムで支援学級に通っています。何を優先して進学先を選べばよいか、迷っています。

A

この情報だけでは具体的な進路アドバイスは難しいですが、現在支援学級に通われているということはサポート体制がある学校に進学される方がよさそうですね。情報源としては、学校・先輩ママ・発達障害児向けの合同学校説明会のようなものに参加する、ということが挙げられます。なんにせよ、支援級からの進学の情報は意識的に調べていかないとなかなか手に入らないので、**保護者の方に積極的に動いていただく必要があります。**

進学に向けた勉強についてです。特別支援を行っている学校の場合、偏差値以外の要素で選考をしている場合が多いので、興味のある学校に選考基準を確認してみるといいでしょう。「生活リズムが安定しているか」「素直さがあるか」といった学力以外の面を重視する学校もあります。そういった場合は無理に学力を上げることよりも、体力や自尊心といったベースとなるスキルを養えるような経験を積んでいかれるとよいでしょう。

column 3

知能検査WISC・WAISについて

本書の中でよく取り上げられている「WISC（ウィスク）」「WAIS（ウェイス）」について、少しだけご説明します。

WISC・WAISは知能、つまりIQを測ることができる検査です。WISCは子ども向けに使われ、大人向けはWAISが使われます。学校のテストでは国語や数学、英語など複数の科目の点数が総合されて学力が出るように、IQも複数の検査の点数が総合されてIQが出ます。つまりIQというのはいくつかの〝科目〟の点数の総合点です。

例えば、最新版のWISC－Ⅳでは、10～15の検査が行われます。そして結果を4つの〝科目〟に分けて計算します。そして最後に総合点を出すのです。発達障害の診断はこの総合点の高さではなく、4つの〝科目〟やさらにそれぞれの検査の結果に凸凹があることが鍵になります。また点数だけではなく検査を受けている時の態度も重要な判断材料です。

① WISC－Ⅳで測れる代表的な能力

●言語理解（VCI）：聞いたことをすぐにわかる力（理解力）。考えていることを話す力（表現力）。

単語・類似・知識・理解という4項目の下位検査と、語の推理という補助検査から測ります。

▼ここが強いお子さん

言葉で表現することが上手なのでやりとりがしやすい傾向があります。大人がびっくりするような難しい言葉を知っていたりします。おしゃべりが大好きだったり、○○博士と呼ばれるようなマニアックで膨大な知識をもつお子さんにはこのタイプが多いです。より能力を伸ばすためには、漢字を覚えるときに、「〝木〟と書いて、〝主〟と書いたら〝柱〟だね」というように、言葉を使って説明すると覚えやすいでしょう。

▼ここが苦手なお子さん

耳から聞いた情報を元に考えたり、そのうえで話し言葉で表現することに苦手さが出やすいお子さんです。授業では先生の話の理解が難しかったり、お友達同士でのやりとりでも複数人になると話についていけなくなったりすることがあります。

このタイプのお子さんに何か伝えたい時は、簡潔に、（紙に書くなどして）視覚的に、が原則です。正確に伝わっているかを確認するために、復唱をしてもらうなどの工夫もしてみるとよいでしょう。考えていることがあっても、すぐに言葉に出ないこともあるので、適度に待ったり、質問を選択式にして答えやすくするなど試してみてください。

●知覚推理（PRI）：目で見たものを捉える力（理解力）

積木模様・絵の概念・行列推理という3項目の下位検査と、絵の完成という補助検査から測ります。

▼ここが強いお子さん

目で見たものをが何なのかを理解したり、判断することが得意な傾向があります。地図を読むのが得意だったり、絵を描くのが上手なお子さんにはこのタイプが多いです。例えば漢字を覚える時には、成り立ちのイラストを見て形で覚えていけるとよいでしょう。

▼ここが苦手なお子さん

目で見た情報を捉えるのが難しいため、勉強でしたら書字や図形の問題に苦手さが出ることがあります。また、通常、人は物を見るときに重要な情報とそうでない情報を無意識に切り分けますが、それが難しいため大切なことを見落としてしまう（例えばケアレスミスが多く、それに気づけないなど）ということが起こりえます。

このタイプのお子さんに何か伝えたい時のポイントです。言語理解が強いようであれば言葉でのやりとりの方が理解しやすいでしょう。また、理解しやすいように視覚化する際も、写真がいいのか（詳細はわかりやすいが雑情報が多い）、イラストがいいのか（シンプルだが抽象化されている）など、ご本人にとってくみとりやすい情報を提示してあげるように心がけてください。

●ワーキングメモリー（WMI）：情報を一時的に覚えて、引き出す力

数唱・語音整列という2項目の下位検査と、算数という補助検査から測ります。

▼ここが強いお子さん

一時的な記憶力が強いため、暗算が得意だったり、同時並行で作業をすることができる子が多いです。注意や集中力の高さが特徴的です。短期集中でものごとに取り組むことが上手なので、「20分で片付けよう！」というように時間設定をして活動を促すと乗り切ることができるでしょう。

▼ここが苦手なお子さん

情報を記憶しておくキャパシティが小さいため、たくさんのことを一気に伝えるのは禁物です。簡潔に、段階的に、視覚的に、を意識してやりとりをしましょう。

困り感が強い子の場合、板書ができなかったり（黒板を見たことを覚えて、ノートに書き写すということが難しい）、辞書を引くことができない（調べたい単語を覚えながら、ページをめくっていくことが難しい）など、学習面での困り感が出やすいです。少しずつ練習をしていくのは悪いことではありませんが、それが学習の妨げにならないよう、黒板の写真をとる、電子辞書を使う、といったサポートツールの使用を検討することもおすすめです。

●処理速度（PSI）：単純作業を進める力、目と手の協応動作（処理能力）

符号・記号探しという2項目の下位検査と、絵の抹消という補助検査から測ります。

▼ここが強いお子さん

機械的に作業をこなす速度が速いお子さんです。目で見た情報を、頭で理解して、手の動きにつなげることを瞬間的に行っていくことができます。勉強の面では、公式などの方法さえ理解してしまえば素早く計算をすることができます。難しい活動も「無意識でできる」というレベルまでもっていかれると、強みを発揮するタイプです。

▼ここが苦手なお子さん

何かしたいことがあっても、スピーディーに、効率よく行動に移すことが難しいお子さんです。例えば学校から帰る時もササッと荷物をまとめることが苦手で一番最後になってしまったりします。動き出しが遅いからといってできない、やる気がないと決めつけずに、時間にゆとりをもって接してあげていただきたいです。

また、スピードだけでなく、不注意によるうっかりミスを起こしやすかったり、手先の不器用さがみられる場合も多いです。自分が考えているよりもうまくいかないことが多く、フラストレーションをためやすいタイプのお子さんです。スモールステップでの課題設定と成功体験の積み重ねを大切にしましょう。

2 指数が高ければ問題がない、というわけではない？

発達障害のあるお子さんの場合、たとえ言語理解の点数が高かったとしても、必ずしも口頭でのコミュニケーションが得意、というわけではありません。言葉の意味を知っていても辞書のような固い説明になっている、たくさん話すことはできるけれども肝心な部分が抜けてしまう、パターン的な言い方になるなど……。特に自閉症スペクトラムのお子さんは難しい言葉を知っていても意味の理解や使い方がややずれている、ということが少なくありません。

この場合、困り感が特に出やすいのは大人になってからです。学校時代は、比較的急な変化が少なく自分のペースで落ち着いてやり取りできる静的なコミュニケーションが多いため、問題が目立たない人もいます。しかし、仕事の上では業務の指示を誤って理解したり、報告や相談をする時に話がわかりづらく支障が出ることがあります。

また職場では状況が色々と変化する中で、その場で言われたことを理解し適切に返答する、といった動的なコミュニケーションが求められるようになります。そのようなスピード感のあるやり取りだと理解が追いつかなかったり、言いたいことをぱっとまとめて伝えられないという人も少なくありません。

もし、「言語理解の指数は高いのに、やりとりで少しズレがあったり、言葉の使い方が不自然だな」と思うことがあれば、まずはご本人の考えていることや捉えていることと、表現していることにずれがないか、気をつけてみてあげてください。そのうえで将来にむけて質問や相談などの機能的なコミュニケーションの練習をしていかれるとよいでしょう。

3 それぞれの数字だけでなく、全体のバランスが重要。実際の行動にどう表れているか意識してみましょう

それぞれの検査結果からみられる得手・不得手をまとめましたが、こちらはあくまで目安で

す。数値が高くても得意が発揮されなかったり、逆に数値が低くても苦手が目立ちにくい場合もあります。

これは、それぞれの能力が絡み合って、最終的に目で見える形で行動として現れるからです。冒頭で例として出した〝科目〟で考えるならば、歴史の知識がいくらあったとしても、国語に苦手感があれば論述式のテストでは点をとれない……といったイメージです。特に発達障害のあるお子さんは指標ごとの差異が出やすい傾向にあります。

具体例をひとつあげます。言語理解の数値が高く、処理速度の数値が低いお子さんの場合です。小学校低学年くらいまでは上手に作文も書けていたのに、成長するにつれ筆記の課題が辛くなる……ということがよくあります。これは言葉をよく知っていたり、表現することが好きだという強みから〝得意〟だと感じられていたことが、課題の難易度が増してスピードや分量が求められるようになり、弱みが目立つようになった事例です。

このように、能力の凸凹から元々もっていた力をうまく発揮できないお子さんは少なくありません。こういった場合は「できるはずだから頑張りなさい」と無理強いするのではなく、苦手な部分を補う方法（この場合ならタイピングで置き換えるなど）を模索してあげてください。

このように、ひとつひとつの点数に注目するのではなく、指標ごとの差やバランスにも着目することはとても大切です。また、ＷＩＳＣでくみとられた特徴が、お子さんの実際の行動や特性にどのように表れるかは千差万別です。結果をもとにご本人の強み・弱みを解明していくためには、検査前後の保護者への聞き取りの時間に、日常生活の中で「こんなことがあった」というエピソード情報を検査者にお伝えいただけるとよいでしょう。

第5章

高校生の発達障害

高校は、適切な配慮を求められる公立の学校は
小・中学校よりも少ないのが現状です。
一方で、サポート体制のある私立の学校もあり、
むしろお子さんに合わせた選択肢は広がります。
併せて考えなければならないのは、将来のことです。
社会に出た時のことを想定して、
「何がしたいのか・何ができるのか・何ができないのか」
を把握していく必要があります。

高校生への対応ポイント

❶ 進学先の決定には、情報収集が重要
❷ 支援を求める相手には、本人の了解のもと障害をオープンに
❸ 学習・生活共に引き続きサポートを

高校進学は、これまで以上に大きな決断をしなくてはなりません。まず、一般校における特別支援学級がなくなり、通級も多くの学校ではまだ利用できる体制にありません。また、特別支援教育の体制自体がまだ整備段階にあり、適切な配慮を求められる学校は小・中学校よりも少ないのが現状です。つまり公立の教育では、いくつかの例外を除き、**障害児・健常児の境界がくっきり分けられてしまう印象があります。**

しかし一方で、先進的に発達障害児に対するサポート体制を強化している私立の学校・フリースクールもあり、むしろ小中に比べると**お子さんに合わせた選択肢は広がります。**義務教育が終わり、将来について具体的に考えていかなければいけないこの時期を、適切な環境で過ごせるよう慎重に進路を選びましょう。

併せて考えなければならないのは、将来のことです。社会に出た時のことを想定して、「何がしたいのか・何ができるのか・何ができないのか」を把握していく必要があります。発達障害児は自身のことを客観的に捉えることを苦手としています。また特に女の子はこの時期になると周囲とのズレを感じ始め、発達障害以外の精神障害などが見られるケースもあります。お子さん自身が肯定的に自己理解を深め、**特性にあった将来像を描けるよう**周囲の大人がサポートしていきましょう。

Q

高校選びのポイント

高校進学にあたっては、どのような進路が考えられるでしょうか。

基本的な高校の種類は以下の通りになります。

◎一般校（全日制）

特別支援教育の動きは始まったばかり。入学後必要な支援を受けるためには、事前のすり合わせが必要。本人にあった学力レベルの学校が選べる。

◎定時制学校

全日制に比べ授業時間が短いため、好きな活動に時間を使うことができる。幅広い世代が通っているため、向き不向きがある。

◎通信制学校

対人関係が苦手なお子さんでも、自分のペースで学ぶことができる。自立して学習を進めるために、保護者か他機関のサポートが必要。

◎チャレンジスクール（クリエイティブスクール／アクティブスクール／エンカレッジスクール等）

中学校までに、つまづきのあったお子さんを対象に、学習機会を与えるための学校。全ての地域に設置されているわけではない。また名称も地域によって異なる。発達障害児の支援を実施しているとは限らないが、単位制の導入など自分のペースで進められる制度がある。

◎特別支援学校

専門的な支援が期待できる。職業実習が多く、卒業後の就労に強い。盲学校や聾《ろう》学校といったように一部の障害を対象にしている場合もあるため、確認が必要。

◎高等専門学校（高専）

高等学校と専門学校を一体化させた学校。修業期間は高等課程3年と専門課程2年の計5年。卒業後大学3年生への編入学が可能。専門的な学習に取り組めることと環境変化が少ないことが魅力。

◎専修学校（高等課程・一般課程）

実務面を重視した教育を行っている学校。基本的には高卒資格はとれないが、一定の条件を満たせれば、高等学校卒業生と同等の扱いを受けることができる。

Q

高校から一般校へ行くケース

中学までは特別支援学級でした。高校は特別支援学校にしかすすめないのでしょうか。

A

中学までは特別支援学級で、高校から一般校という例も十分にありえます。近年では発達障害児の受け入れを積極的に行っている学校もあるため、十分に調査してから選択ができるとよいでしょう。また、**どのような環境が最適かは、お子さんによって異なります。**早く進路を決めたいお子さん、個別の支援を受けたいお子さん、自由な環境を好むお子さんなど、様々です。本人のニーズを汲み取りながら決定しましょう。

Q

将来を考えた高校選び

高校進学にあたり、将来の進路や就労までを考えて高校選びをしたいと考えています。考えなければならないことが多く、混乱していますが、選ぶ時のポイントはあるでしょうか。

A

発達障害（含・疑い）のある場合、他のお子さん以上に進学・進路で考える事柄が増えるのは致し方ないと思います。広く開けた道を通る感じではなく、ある程度進める道（本人が適応できる選択肢）が限られる中で、どこが相応《ふさわ》しいかを比較検討しないといけないからです。難しいのは、**①その子に合った学校・雰囲気、②今だけではなく将来を見据える、**の2点です。1点目についてはどうしても成績や行動などの要因の分析が必要になりますし、2点目については大人になった姿を想像する専門家の目利きが必要になると思います。専門機関にしっかりとつながっておくことが重要だと思います。

Q

ムラの大きな子の高校選び

体調や気分のムラが大きく、学校の成績もそれに左右されて安定しません。高校は通信制がいいのではと親は思っていますが、本人は「普通の高校生活」に強く憧れているようです。どうすればよいでしょうか。

A

高校になると発達障害の傾向のあるお子さんの**選択肢は一気に広がります。**公立私立の普通高校、単位制（定時制）高校、公立のチャレンジ校、私立の通信制高校、同じく私立のサポート校、高等養護学校、特別支援学校高等部、などです。このうちはじめの3つの選択肢はいずれも〝普通っぽい〟学生生活が送りやすいと思います。特に単位制の高校やチャレンジ校と言われるような学校がお近くにありましたら、ぜひ学校見学をしたり、実際通われている方にお話を聞かれるのをおすすめします。ご質問のお子さんについては、ご質問の文章の限られた中では断定的なことはもちろん言えませんが、単位制の学校やチャレンジ校などをまず検討されるとよいかと思います。自分のペースで勉強できる環境で、かつ多くの高校生に近い環境であると思われるからです。

Q

コミュニケーションスキルはアップできるか

高校進学の相談です。知的障害はありませんが、コミュニケーションがうまくいかず、親としては普通高校進学は厳しいように思っています。子ども自身は普通高校へ進学したいと言っており、子どもの意思を尊重すべきかどうか迷っています。コミュニケーションスキルは成長することはあるのでしょうか。

A

「普通高校へ進学したい」と、自分の意思を持っていることがまず素晴らしいことだと思います。ただ現実的にベストな選択をお子様ご自身ができているとは限りませんので、第三者を交え、ご本人の希望を尊重しつつ、多様な選択肢を提示して相談してあげてください。

本題の進学についてです。普通高校への進学を希望される場合は、**①集団の中で過ごすことができるか、②学校生活の中で特別な配慮を必要としないか、③たとえ失敗があっても切り替**

えることができるかの3点をポイントに考えています。

たとえ赤点ばかりでもあまり気にせず、うまく周りに助けてもらいながら学校生活を送れるタイプの発達障害のお子さんもいますし、逆に感覚過敏だったり環境や状況の変化に弱いタイプですと、どんなに学力が高くても支援と配慮が得られる環境の方が望ましいです。

コミュニケーションスキルについては、この年齢であれば十分成長の余地はあります。どの部分について躓《つまず》いているのかによって支援・教育方法は変わるのでここでは割愛しますが、**おしゃべり上手にすることではなく、人を上手に頼るための質問・相談力を高めていかれるようサポートできるとよいでしょう。**

Q

情報がほしい

高校の雰囲気や支援体制がわからず、進路選択が難しいです。どのように情報を集めればよいのでしょうか。

A

基本的な学校の制度や情報は、ウェブサイトや書籍、学校や関連機関の窓口で教えてもらえますが、実際の校内の雰囲気など詳しい情報は、外からだとなかなか見えづらいものです。方法としては、入試説明会だけでなく文化祭などの行事を活用していけるとよいでしょう。また、学校によっては授業見学を実施しているところもあります。そのような機会を活かし、お子さんにとって過ごしやすい環境かどうかを見極めていきましょう。なお、必ず保護者の方だけではなく**お子さん自身も行って確かめること**がポイントです。

親の会などを利用した保護者同士の口コミも貴重な情報源となります。現在は全国に様々な親の会が活発に活動しています。お住まいの地域の親の会に参加し、会員同士で情報共有ができるとよいでしょう。

Q　受験時に配慮はある？

大人数で一斉に試験を受けるような緊張感の高い環境が苦手です。受験時に配慮してもらうことはできるのでしょうか。

A

地域や学校によって異なりますが、受験時に配慮をしてくれる場合はあります。希望する場合は直接受験先の学校に相談するとよいでしょう。学校現場で判断ができない場合は、学校から教育委員会に確認をとって判断されます。配慮が受けられるのは以下のような例があります。

- 別室受験
- 問題を読む際の補助具の使用
- 事前の会場下見
- 口頭指示を板書してもらう

・問題用紙の拡大コピー
・面接をグループから個人に変更

Q

障害をオープンにする？しない？

一般校に進学する予定です。障害について学校側にオープンにした方がよいでしょうか。

A

基本的には**支援や配慮を求めたい相手にはオープンにすることをおすすめします。**

オープンにするタイミングとしては、①入学前、②合格発表後、③入学後必要に応じて、の3通りが考えられます。いずれにせよ、本人が納得したうえで情報を共有できるようにしていきましょう。

オープンにする対象はご本人と保護者の方の判断に応じて変えていく必要があります。まずは学校の支援担当者と担当教諭に対して説明をするのが一般的ですが、必要に応じてその他教職員や同級生にも話をしてもよいでしょう。そして、どこまで理解してほしいのかを考えた上で、相手によって伝える内容を調整しましょう。

Q

受診のタイミングが遅れている場合

現在高校生、幼い頃から発達障害の気配があると感じていましたが、医療機関は受診していません。改めて本人のこれまでを考えてみると、発達障害の特性にあてはまることが多いです。今後のことを考えると不安でなりません。今からでも受診すべきでしょうか？

A

この世界で働いていると、精神科・心療内科に行くことは普通のことになってしまうので感覚が鈍くなっているのは承知の上なのですが、**いろいろと悩む前に、やはりまず医療につながる、つまり受診するのが何よりも大事だと思います。**ただ確かに「病院・クリニックに行ってみよう。苦手なところが医学的に説明がつくかもしれないから」などということを伝えることは年齢が高くなればなるほど難しくなります。伝えた時に、落ち着いてご本人が行動に移してくれるには、ご本人がどの程度困っているか、自分の特徴をそのものとして受け止められているかが重要になります。

親御様から直截に言ったほうが良いケースもありますし、学校の先生など周囲の人からの指摘をいただく形で動く、という手間をかけたほうが良い場合もあります。

もちろん大きな引っ掛かりがなく進学・就職できる場合は、親の杞憂《きゆう》に終わるわけですが、ご質問をいただいた方は、かなり以前からずっとお子さんに社会とのズレを感じていらっしゃって、危ない場面も見てきていると思いますので、おそらく医療に早めにつながったほうが良いのではないかという印象を持ちました。医療につながること自体、マイナスに感じるかどうかは、まずは親がそれをポジティブに、少なくともニュートラルに受け止められるか、つまり特性がある程度客観的にわかったほうが生きやすくなるはず、というふうに思っていることを真摯《しんし》にお子さんに伝えられるか、だと思います。

Q

学校内の相談は誰に？

一般校に進学をする予定です。発達障害について専門知識をもっている先生がいないのではと不安があります。学校内での相談は誰にすればよいのでしょうか。

A

まずは担任教諭が一番相談しやすいでしょう。専門知識をもっている人としては養護教諭（いわゆる保健室の先生）が考えられます。また、学校によってはスクールカウンセラーや特別支援コーディネーターと呼ばれる心理に精通した支援者に相談をすることができます。２００９年から教員免許更新制度が始まり、教員は10年に一度免許更新のための講習を受けることが義務となりました。その中に発達障害に関する内容も盛り込まれており、全教師が発達障害の基本的な知識を知る機会が持てるようになっています。

Q

勉強についていけない

高校に入ってから成績不良で、本人もやる気を失ってこのままだと進級ができない恐れがあります。どのような対応をしていけばよいでしょうか。

A

高校に上がると教科や範囲も広がるため、学習の成果が出せず、進級が難しくなる場合があります。こういったお子さんは学習の理解以前に、やるべきことの把握ができていないことが多いです。そのため、どの教科のどの内容を優先して勉強してよいかがわからず、教科書を丸暗記するといった効率の悪い学習方法

になりがちです。まずは試験範囲を把握し、どのような優先順位で勉強するかの計画を立てるなどの対策を一緒に考えてあげられるとよいでしょう。

しかし、無理をして追いつめられてしまうことが一番懸念されます。場合によっては留年や転校も視野に入れてもよいでしょう。発達障害のお子さんはゆっくりと成長をします。ご本人に合う居場所をみつけるために、柔軟に考えていきましょう。その際に気をつけなければならないのは、**ご本人の自尊心の低下をできる限り防ぐこと**です。テストの点が全てではないこと、自分のペースで成長すればよいことを伝えてあげましょう。また、こういった状況に陥らないためにも高校選びは非常に重要になります。背伸びをしてギリギリで入学できるレベルの学校に進学すると、入学後苦しくなるリスクが高まります。努力では解決できない部分があることを理解した上で、安定して過ごせる環境を選びましょう。

社会人としてのスキル

Q 卒業後の進路に不安がいっぱいです。社会に出る前に、社会人として必要なスキルを身につけさせる良い方法はありますか？

A 発達障害のお子さんは、教えられていないことに関して周囲を見ながら自然に学んでいく「潜在的学習」は苦手としていますが、きちんとやり方を明示して実践してもらいながら習得する「顕在的学習」を行えば、社会に出てから必要なスキルもきちんと身につけていくことができます。指導を行う場合は、**「当たり前なこと」も視覚的に明示する**などして、確認を行っていきましょう。

たとえばＴＥＥＮＳ（当社運営の放課後等デイサービス）の「お仕事体験」では上司や先輩社員とのコミュニケーションの取り方や、同年代のお子さんとのやりとりの仕方、お仕事を行う上での時間管理や段取りの組み方について実践的に学んでいきます。社会に出てからのスキルもこのような形で見える形にして学習すれば身についていきます。

ワーキングメモリーが弱いってどういうこと？

Q 検査でワーキングメモリーが弱いと言われました。将来のためにどのような支援が有効なのでしょうか？

A ワーキングメモリーに弱さがある場合、たとえ理解力があったり言語能力が高くても、学習の定着が悪くなります。例えば、勉強した直後はばっちり理解することができていたとしても、いざテストとなると思い出すことができなくなってしまうのです。学習内容の定着のためには反復して取り組む必要がありますが、成果につながりにくいため、不全感を抱きやすくなってしまいます。

このタイプのお子さんを支援する際には、ワーキングメモリーの負荷を減らすための配慮が必要です。情報はできるだけ視覚的に示しつつ、言葉で指示を出す時にはできるだけ端的に行いましょう。

また、自分で解決していくための工夫を身につけていく必要があります。作業手順を思い出すために、**リマインダーやメモを活用する習慣づけ**ができるとよいでしょう。

最近はスマホを利用して簡単に情報を片付けておくことができるようになってきたので、高校生ということであればぜひそういったものも導入してみてください。

暗記による知識に頼らずに、課題を解決するというのも重要です。わからないことはすぐに質問する、調べるといった意識づけも併せて行っていけるとよいでしょう。

ワーキングメモリーが弱いタイプのお子さんは、実力を発揮できないフラストレーションを抱えているだけでなく、周囲からも「本当はできるのに、緊張しすぎ、ふざけている」といった誤解を受けがちです。

不得意な部分だけに注目せず、就労に向けてどの強みを伸ばして自尊心を高めるか、という視点で接してあげてください。

Q

自慰行為

高校生男子の親です。最近自慰行為を覚えたようなのですが、片付けなどが不十分ですぐにわかってしまうような有様です。父親にアドバイスしてほしいと伝えているのですが、「そんなのは教えるものじゃない」と言って取り合ってくれません。こういったことのマナーはどこで学ばせればよいのでしょうか？

A

〝定型発達〟のお子さんの場合、同年代の子とのやりとりの中で自然と（？）学んでいきますが、発達障害のあるお子さんの場合はそういった環境や機会に恵まれない方も多いでしょう。もう少し早い時期であればお父様から教わる、という手段も考えられたでしょうが、高校生ともなるとお互いに気まずさがありそうですね。こんな時こそ第三者の男性にお願いしたいところです。逆に言うと、**こういう時に備えて、信頼できる大人を早いうちから家の外につくっておくことが重要ですね**。

この場合、特に発達障害の専門家である必要はないでしょう。お子さん自身の人格を尊重して、常識的なことを教えてくれる、分別のある人、というのが理想的です。該当するような方が近くにいなければ、発達障害のある子のための性教育の本なども出ているので、参考にしてみてください。

なお、回数や方法があまりにも常識の範囲を超えているような場合以外は、基本的には制限をかけない方がよいでしょう。

思春期を超えたお子さんが性欲を持つ、というのはごくごく当たり前のことです。立派に成長したことをぜひ喜んであげましょう。

Q

ママ友とあわなくなってきたら

子どもは小さいころから療育を受けてきました。その時のママ友たちと今でもつきあいがありますが、子どもも成長し、年を追うごとに話が合わなくなり、気疲れすることも多くなりました。とはいえ発達障害に関する情報のほとんどはこのママ友たちから得てきたため、完全に離れることにも不安を感じます。

A

発達障害は多種多様な特性・様相を示しますし、困り感は年を増すごとに多様化していきます。〝発達障害の子をもつ親〟というだけのつながりの関係性だと年を追うごとに話が合わなくなるのはある意味当然のことでしょう。

特に学校情報などは確かに親御さんのネットワークが強いです。似た境遇の先輩ママと知り合えると理想的です。中学生以降は親同士のつながりというのも希薄になりがちなため、多くの場合は親の会などに参加して知り合っているようです。また年齢に応じて、新しいつながりを求めていくのが良いと思います。当社では「**斜めの関係**」と呼んでいます。つまり上でも横でもない、時々会う程度であまり気づかいをしなくてもよいような人たちで、かつ、少し先に進んでいる斜め上の人からが一番学びがあることが多いでしょう。〝斜め上の人〟の中には共有精神が旺盛な人が一定程度います。彼らから学びを得るのが両者にとってウィン・ウィンの関係になりやすいでしょう。

ただ、情報ももちろん大切ですが、**お母さんが健康的にいられるか、**というのが子育ての中ではとても重要です。そんなに気疲れしてしまうようであれば、勇気をもって離れてみるのも悪くないかもしれません。

Q

悪気はないが忘れ物が多い

ADD傾向がある高校生です。コミュニケーションは普通にとれますが、忘れ物が多く、何回も注意されているのに改善しません。本人に忘れ物が多いという自覚もないようで、また悪気があるわけでもありません。大学進学を望んでおり、熱心に勉強はしていますが成績は思うようにあがりません。専門学校に変えるべきでしょうか。

A

これまでも本人は手を抜いていたわけではなく、全力で頑張っても成績は下がるし、モノを忘れたり、報告を忘れたりしている、つまり障害特性が出ているのだと思います。

今後進学するのが大学であれ専門学校であれ、これまでと同じように、ご本人が一生懸命集中しようとしても、特性上、先送り癖が出たり、段取りに抜け漏れが起きたりすると思います。つまりまじめに取り組んでも変わらない部分が多い可能性が高いですので、**ご家族としては常に大目に見ながらスモールステップでの成長をほめてあげる**必要がありそうです。

このような方は留年もあるかもしれませんし、中退もするかもしれません。でもその中で**ゆっくり学んでいっていいよという雰囲気をご家族が作れるかどうか、**が大きいと思います。

そしてそのスピードの成長でそれなりに人生何とかなっているものです。なによりご本人が今精いっぱいということを信じてあげるのがとても重要だと思います。

Q

自己評価がおかしい

高校3年の受験生。大学受験目前の先日の模試で、第一志望校はE判定でした。しかし本人はなぜか楽観的で、自分は絶対受かると豪語しながら勉強にも真面目に取りくみません。どうすればよいでしょうか。

A

ASD（自閉症スペクトラム・アスペルガー症候群）のお子さんに特に多いのですが、客観視が難しいため自分の能力を過大評価あるいは過小評価して、現実的ではない将来をイメージしているお子さんは少なくありません。今回は過大評価タイプのお子さんですね。

こういったタイプの場合、「周りに無理矢理諦めさせられた」とならないよう、チャレンジさせるのもひとつの手段です。しかしその場合は、「センター試験で〇〇点以上取れなかったら浪人せず滑り止め校に行くこと」というようにルール設定をしておけるとよいでしょう。

浪人や留年というと避けるべきものに聞こえますが（実際避けられるならその方がいい場合が多いのでしょうが）、それで人生のすべてが終わるわけでもなく、無理にお膳立てをして青年期を進めていくよりは、**自分の限界を知るよい経験として活かせる場合**もあります（特に成功体験を積む療育を重ねてきたお子さんは、**健全な失敗体験が不足している場合**があります）。

とはいえ浪人・留年というのは大きな精神的負荷がかかります。主治医などとリスクについて相談しながら、もし環境的にも許されるようであれば、そういった選択肢もあるのだ、と肩の力を抜いてみてもいいかもしれません。

column 4

高卒後の進路について考える

発達障害がある場合、高卒で就職か、大学や専門学校に進学か、どちらが有利なのでしょうか？　厚労省の2015年度調査（http://www.mhlw.go.jp/stf/houdou/0000124354.html）によると、高校生の就職内定率は99・1％と前年比0・3ポイント上昇し、25年ぶりの水準です。この統計は発達障害のあるなしに関係のないすべての高校生に関する統計であることに注意する必要はありますが、非常に高い数字であるのは明らかです。別の厚労省の調査（http://www.mhlw.go.jp/stf/houdou/0000124364.html）によると大卒者の内定率も97・3％と高い数字です。しかし、高卒と大卒の差はわずかであるうえに数字上は高卒者のほうが上回っており、単に就職をするためだけに大学に行くということは、それほど意味を持たなくなりつつあると言えます。それほどまでに今の日本は働き手が不足しています。

それでは発達障害のある学生にとって高卒で働くことが良いのかどうか？　それは一概には言えません。そもそもご家庭の経済状況によって進学を諦めざるを得ないこともあるでしょう。しかし、ここでは経済的には大きな問題はないケースを前提に、高卒で就職を目指すべきか、大学進学を考えるべきかを、いくつかポイントを挙げ、検討していきます。

❶ 大都市圏に住んでいるかどうか？

まず重要なのはどこに住んでいるかということです。大都市以外では、まだ高卒での就職が一般的であり、地域で一緒に育った子どもたちも多くが高卒で就職をする環境が多いでしょう。この中では発達障害のあるお子さんも高卒で就職を目指すことに違和感はないと思います。かつ大学など高等教育機関も少なく、進学しようにも選択肢が多くないのが実際です。

一方で大都市圏では高卒で就職をする人は比較的少なめです。かつ様々な大学・専門学校が存在します。一緒に育ってきたお友達も多くが進学すると思います。こういった環境の中で人と違う道を進むのは、親子ともどもそれなりに勇気のいることです。小さいうちから相当の覚悟で「高卒で就職をさせる」という判断を下していない限りは、大学や専門学校に進学させることが多くなるでしょう。

❷ 知的障害があるかどうか？

今では大学全入時代になりましたので、知的障害があっても大学に進学する人が多くなりました。実際大学関係者にお話を聞いても、また当社の大学生向けのプログラム「ガクプロ」を利用する方の知的検査の結果を聞いても、相当の数の知的障害の方が大学に通っているようです。

しかし実際には履修登録で苦労をしたり、グループワークで発言がかみ合わなかったり、レポートの作成に大きな困難を感じたり、大学のレベルについていくのに厳しい状況に置かれることは多いと言えます。学問に対する適性があったり、学ぶことが好きである場合を除いて、知的障害がある場合は進学よりも就職を目指す方が、ご本人がその後幸せに生きる可能性が高まると当社では考えています。ただし、繰り返しになりますが、知的障害の人が入学できる大学は多くありますし、そこでご本人が充実感を得られるケースも多数見ています。就職のためというよりもご本人の社会性向上のためや、豊かな人生を過ごすために進学されることを否定する考えは全くありません。

なお、知的障害の人が18歳で就職を目指すことが多い理由はもう一つあります。それは就職支援が非常に充実している特別支援学校に通うお子さんが多いからです。知的障害がないと、なかなか特別支援学校の高等部には通おうとしないですし、実際入学できない場合が多いと思いますが、知的障害があまり見られない場合でも、何とかして特別支援学校に通わせようという親御さんが多いのは、特別支援学校等が就職に非常に強いということがあります。

つまり学力的に厳しさがあるという消極的な理由と、就職サポートが手厚い特別支援学校等に入ることもできるという積極的理由から、知的障害のある人の場合は18歳の段階での就職を目指す方が多いということになるでしょう。

❸ プラス2~3万円の月給UPが見込めるかどうか？

今度は純粋に経済的に見てみましょう。
学力に凸凹のあるお子さんが多い発達障害児の場合、私立大学に進学するケースが一般的と言えます。それを前提に、進学するといくらかかるのか、高卒後すぐに働き始める場合と比較して考えてみましょう。

仮定①私立大学の学費・経費を総額100万円/年とする
仮定②高卒で働いていれば稼げたはずの額を月給15万円とする

・大学にかかる経費　100万円×4年＝400万円
・稼げたはずの給与　15万円×12ヵ月×4年＝720万円

つまり、4年間で1100万円の意味が進学することで得られないと、経済合理性はないと言えるでしょう。また留年する率も高いのが発達障害のあるお子さんの現状ですので、それによっては1200万円、1300万円と負担が増えることが考えられます。

一方40年間働くことができるとすると……

・大学に行って稼げる額が月1万円増になる（つまり月給16万円になる）
↓月給の差　1万円×12ヵ月×40年＝480万円
・大学に行って稼げる額が月2万円増になる（つまり月給17万円になる）
↓月給の差　2万円×12ヵ月×40年＝960万円
・大学に行って稼げる額が月3万円増になる（つまり月給18万円になる）
↓月給の差　3万円×12ヵ月×40年＝1440万円

これらの計算からわかる通り、（税金・年金など複雑な計算を抜きにした）単純計算だけで考えると、月給が2～3万円上がる力が大学で得られるかどうかが、進学するかしないかを経済的に判断するうえでの基準になることがわかります。現実問題、これだけの稼ぎの力が上がることは少数派のようですので、経済合理性だけで進学を目指すのではなく、それ以外の価値（社会性を高める、教養を高める、それらによって豊かな人生を送る）を大学の4年間に求める必要があるでしょう。

最終的にご家族はもちろん、ご本人の人生観というのが大きく出てくるのが進学か就職か、という部分です。ご本人が15～16歳の時までにどのような人生設計を作れるか、上手にサポートしてあげるのが親の役割ということになると思います。

もちろん想像が苦手な発達障害の傾向のあるお子さんの場合は、ゼロから将来を考えるのはむずかしいことでしょう。選択肢とメリット・デメリットを保護者の方が用意し、そこからご本人が選ぶような形にするのが良いのではないでしょうか。

また、大学に進学しないとそもそも就《つ》けない仕事も、技術・専門職を中心に多数あります。最終的に経済的に損をしたとしても、納得感を大事に人生の選択をすることは重要です。早いうちから親子で話し合うことを強くおすすめします。

column 5

ＩＱから考える発達障害児と勉強

我が子が発達障害と診断された場合でなくても、親としては学校の勉強ができるかできないかは大きな関心事でしょう。また単に勉強しないからできていないのか、やはり発達障害の特性があって難しいのか、などは少なくとも小学校高学年ぐらいにならないと親としてはなかなか見えてきません。このため、〝発達が気になる〟程度で止めてしまって必要な支援を求めるのが遅れたり、あるいはこの子は何らかの可能性が絶対にあるはずと一発逆転を期待して〝類《たぐい》まれな才能〟にかけてしまったり、あるいは頑張れ頑張れと発破をかけすぎて、かえってやる気を潰しかねないわけです。近道があるわけではありませんが、ある程度の知識があると子どもの成長は落ち着いて見ていられます。以下、分析をした結果というよりも、たくさんのお子さんの状況を見てきた経験則をまとめていきます。

1 ＩＱテスト（ＷＩＳＣ-Ⅳ〈最新版〉などの知能検査）は取っておいたほうが良い

まずＩＱテストは少なくとも1度は取ったほうが良いと思います。取りすぎても、どんどんパターンを覚えて点数が上がっていくお子さんもいるので、多ければよいというわけではありません。しかし、最低一回は受けて、大体の傾向をつかんだほうが良いと思います。最近ではかなりの医療機関・福祉施設でWISCを取ってくれます。そもそも発達障害の診断の時は、IQ=脳の特徴が凸凹していることを確認するため、WISCはほぼ必要な要素ですが、**心理士の方のコメント欄を含めしっかり保管**しておきましょう。今回は数字しか検討しませんが、今後の成長で必要になるのは、心理士のコメントに含まれていることが多いです。

❷ 高すぎるIQはマイナスにはならないが大きなプラスにもならない

IQが非常に高くても勉強がすごくできるようになったり、将来の成功につながるかというと、必ずしもそうではありません。やや古い研究ですが[*]、IQ180の子どもの成長を追った長年にわたる研究の結論は「IQの驚異的な高さは違いをほとんど生まず、世の中でいう〝天才〟の概念と結びつくことは無い」というものです。IQが非常に高いからといって期待するのは酷と言えましょう。高すぎるIQは、たとえて言うと「お風呂のお湯がこぼれる」感じで、つまり実質のプラスにはなりにくいですが、それでも勉強を理解しやすいことには変わりありませんので他のお子さんよりも有利なのだと思います（研究でも高IQが不利とは一言も言っていません。天才的・できる人になるという意味では有利ではないということです）。

＊ A follow-up of subjects scoring above 180 IQ in Terman's genetic studies of genius　研究者：Feldman, D. H. (1984)

URL：https://www.davidsongifted.org/Search-Database/entry/A10192

❸ 残念ながらほとんどの場合、成績は（他のお子さんと比べて）下降していく

多くの場合は、小学校低学年に比べると、高学年の時のほうが、小学校高学年に比べると中学校の時のほうが、中学校の時に比べると高校の時のほうが、成績が下がってしまいます。これは、発達障害の多くのお子さんは、パターン化によって短期的記憶（といっても超短期ではなく、数日から数ヵ月の記憶）で勉強ができる状態になっていることが多く、意味理解まで到達しづらいということがあると思われるからです。

パターン化で対応できるのは小学校ぐらいまで、中学校になるとそれでは難しくなりがちになり、高校ではパターンだけで対応できるのは一部のＩＱのすこぶる高いお子さんという印象です。意味理解が難しいのはＩＱの凸凹が関係していると思われます。というのも意味理解というのは単なる暗記ではなく、脳の様々な部分を使って、情報を統合させていくプロセスだからです。

とはいえ、発達障害のお子さんも特定の話題などは深く意味理解をしていく場合がありま す。つまり意味理解が全くできないわけではなく、学校の勉強のように国語・算数・社会・理科など様々なことを同時期に意味理解で考えていくには、馬力が足りないことが多いのだと思います（多くのお子さんは意味で考えるとわかりやすくなる場合がありますが、その意味の理解が難しい発

達障害のお子さんの場合は、時間をかけてパターンを覚えていく、脳に刷り込ませていく感じになって、要領よい勉強法ができにくいのだと思います)。実際、社会や理科が好きな理由は、発達障害のお子さんに合いやすい暗記ものだから、という側面が強いと思います。

また学年が進むほど、様々な行事があったり、クラス内で様々な役目があったり、部活があったりと、すべきこと、したほうが良いこと、そしてもちろん勉強すべき教科も増えていきます。優先順位付けや時間管理、スケジュール管理など段取りに苦手感があり、同時並行が難しい発達障害のお子さんにとって、勉強を始める前の戦いが多いことから、同じだけのエネルギーを勉強にかけにくく

なっていき、成績が下がる可能性が増えてしまうのだと思います。なお、下降傾向にあるのは全員ではなく、もちろん例外もあります。代表的なケースが、幼少時に極端に多動だったり、こだわりが極端に強かったりと、発達障害の特性が強く出てしまって、低学年の時にとても落ち着いて勉強ができなかったというケース、そしてそれを挽回できるぐらい後年に安定したケースです。

4 学習障害的な要素はWISCではわかりづらい。対策によって成績向上も

WISCも数ある知能検査・心理検査のうちの一つ。脳の機能をはかるために完璧ではもちろんなく、むしろ非常に特殊なものともいえます。例えば、1対1で、静かな空間で、正解が出るまでやり直しがきく時もある問題も含むため、通常の生活環境とは大きく異なる中での検査となります。また、ここからは私が不勉強のため推測になってしまいますが、特にWISCは学習障害についてはほとんどわからないのではという印象を持っています。例えば、WISCにおいては、数学的な概念（数や空間など）についてもワーキングメモリー指標や処理速度指標という部分で使われているだけ。つまり学習障害の要素を見ているわけではありません。数字を使ったテスト項目だけれども、記憶や脳回転の速さという少し違う要素を見ているようです。

また、漢字の書字が難しいと思っても、視覚になんらかの難しさがある（あるいは伴っている）

のか、ADHD的な特性で面倒くさい！　と好き嫌いから逃げ回っているのか、手先が不器用だから漢字ではなくひらがなを書いてしまっているのか、仮説が絞りにくいことも多くあります。そしてこれはもちろんWISCの数字だけではなかなかわかりません。

繰り返しになりますが、**学習障害は多様です。**　このため、学習障害のレベルを簡易的に測定するテストはまだありません。学習の困難さの要因を分析するには、専門的な場所に通って、それなりの回数を重ねて、専門家による観察を重ねる必要があるでしょう。

学習障害的な要素が強くかかわって成績が下がってしまうケースは、その謎に包まれた困難さが理解されると、対策がわかり、成績が上昇傾向に入る可能性もあります。ただし、発達障害は学習障害だけが出てくることは稀《まれ》で、多くの場合ADHD（注意欠如多動性障害）やASD（自閉症スペクトラム）と重なっています。このため、学習障害だけのアプローチだけでは難しいことは知っておいた方がよいでしょう。

5 IQの数値と大学

最後にIQの数値でどの程度学力を予測できるかを考えます。なおIQといっても学力に主に関わるのは言語性のIQであり、ここでもその方向でお話しします。

今の時代、知的障害があっても大学に行く人が多い時代です。もちろん高卒で就職したり、進学と言っても大学ではなく専門学校へということも考えられますが、言語性のIQが90ぐらいあると（少なくとも当社がある首都圏に住むお子さんは）大学に入ることが多いでしょう。ＩＱ70～90の場合は、大学に入っても、勉強についていくことに困難を感じることがあるため、最初から、あるいは途中から専門学校を選ばれるケースも増えます。

ＩＱ１０５ぐらいになると、皆さんが知っている、例えば箱根駅伝の常連校など、偏差値が50以上の大学に入るお子さんが多いようです。ＩＱ１００と書かずに１０５にしたのは（やはりＩＱの平均である１００で偏差値50というのがわかりやすい説明ですが）、それよりも5や10ぐらい高めのＩＱがあるうえで偏差値50ぐらいに落ち着くことが、多いように思うからです。

ＩＱ１２０前後になると、東大早慶、あるいはＭＡＲＣＨクラスのトップ校に入るお子さんが多くなってきます。少なくとも大学受験の段階ではまだパターンによる暗記力が非常に強かったり、勉強に集中する環境を親御さんや学校を始め、周囲が作り出してくれるので、国数英社理の5つに自分のエネルギー・段取りのすべてを注げばよいため、入試のバーをクリアできるということだと思います。

もちろん、今度は大学内で、より複雑な人間関係や段取りや同時並行が始まります。当社の以前の簡易分析では中退が少なくとも通常の大学生の2倍ぐらいはあったので、バーのすれすれを飛ばすのが良いのかどうかも親の悩みどころです。

【まとめ】緩やかに下がることをある程度覚悟しつつ、IQ・学歴だけで決まらないことは理解する

繰り返し書いた通り、発達障害のお子さんはどうしても成績は下がってしまっていく傾向にはあります。このため親としてはそのあたりをしっかりと受け止めてあげることがまず重要になりそうです。また、そもそも先天的に近い形で持っているIQで大きな傾向も決まってしまいます。このあたりの現実を受け止められない親御さんは少なからずいます。

ただし、**そもそも成績が良いことが、人生が本当に良くなることにつながるかというと、そうではありません。**寅さん映画の言葉を借りると、「どんな人生でも後悔はある」わけで、勉強ができてもそれはそれなりの苦しみや後悔がありますし、できなくてもそれはそれなりの楽しみ方があるわけです。親が本当に頑張らせて成績を偏差値で5ぐらい上げたところで、人生が変わるわけではないと思います。

実際当社で様々なお子さんの成長や、大人になった発達障害の傾向のある人の人生を見ていると、正直なるようにしかなりません。学業や受験で挫折経験を与えてしまうほうが二次障害を負いやすく危険です。また、どの学歴であろうと実は就職まで結びつける道はそれほど変わらないので、少なくとも大学受験ぐらいまではあまりキリキリしない方が良いでしょう。

もちろん、私自身の人生を振り返っても、ゆとりばかりではだめで、本人の精神状態が安定

していて、意欲がある限り、勉強でいい成績を取ったとか、受験を乗り越えたという得難い成功体験が手に入るので、のんびりさせることだけが親の役割ではないことは付け加えておきたいと思います。

第6章

大学生の発達障害

現代は発達障害のお子さんが、
大学に進学することが多くなりました。
一方で、大学は自由度が高く、自主性が求められる
活動がそのほとんどを占めます。
状況判断が苦手な発達障害のあるお子さんが、
無事に大学を卒業するためには、
お子さんが自身の特性を理解したうえで、
支援を求められる相手を見つけることが大切です。

大学生への対応ポイント

❶ 自由度の高い生活の中で、頼れる人を見つけておく
❷ アルバイトも就活も事前の準備が大切
❸ 大学生になっても学習・就活・生活など全ての面でサポートを

発達障害のお子さんが大学に進学するのは今や決して珍しい例ではなく、むしろ多数派になりつつあります。興味のあることを一途に追い求める性質のある発達障害の人は、好きな学問の道に進むことができると新たに活躍の場を得ることができるでしょう。

一方で、大学は高校までとは異なり自由度が高く、自主性が求められる活動がそのほとんどを占めます。授業の選択から友人作りまで、全て自分で乗り越えていかなければなりません。状況判断が苦手な発達障害のある学生は、履修登録などからつまづいてしまい、進級や卒業が難しくなることがあります。無事に卒業をするためには、お子さん自身が自分の特性を理解したうえで、**支援を求められる相手を見つけておくことが不可欠です。**

そして、卒業後の進路を具体的に考えながら、それを叶えるための活動をしなければならない時期です。就職活動はエントリーシートの作成や面接など、普段の生活では行わない複雑な取り組みが求められます。発達障害のある学生にとって、就職活動をひとりで進めていくことは難しいため、早いうちから大学の就職課などの窓口を適切に利用していけるとよいでしょう。

現在の日本の福祉サービスは、障害児・者が大学など高等教育に進むことを予想していない設計になっているため、福祉サービス全般の利用ができにくくなる時期です。適切な支援機関を早目に見つけ、適切な情報を得て行動できるようにしましょう。

Q

発達障害に理解のある大学

発達障害のある高校生で、本人は大学進学を希望しております。それが本当に本人のためになるのか、まだ迷いがあります。もし進学させるなら発達障害のある学生に対して理解や配慮のある大学を探したいです。情報はあるでしょうか。

A

発達障害についてかなり手厚い配慮のある大学は確かにあります。ただし、多くの大学ではそれをオープンにはしていません。最終的には一人一人のフィット感ですので、オープンキャンパスなどにご家族一緒に参加されるとよいと思います。

当社では「ガクプロ」という大学生・専門学校生向けのプログラムを行っています。サービス開始から今年（2018年）で5年、これまでサービスを利用した600人を超えるご本人やその保護者とお話をする中で、各大学の発達障害のある（含・疑い）学生への対応が手に取るようにわかってきています。

現状は、大学によって、あるいは学部によって相当の理解・配慮の差があります。親御さんやご本人からの申し出に真摯に対応するところもあれば、お茶を濁すような対応をするところもあります。一方で、ある例を機会に対応がガラッと変わるところも出てきています。大学の現場で発達障害は今最もホットとも言えるキーワードですので、日々状況が変化しているとも思えます。

一人一人によって状況が異なるので、「○○大学が良い」と言い切るのは難しい上に、そもそも支援が手厚い大学でも、発達障害の学生ウェルカムを公表している大学はまだ一つもありません。それをふまえたうえで、まず今日現在のおすすめ傾向を挙げてみたいと思います。

- **小規模大学はかなり良い**
- **女子大学は概ね手厚い**（小規模な場合が多いのと、キリスト教系が多いからでしょうか、もともと一人一人に手厚いです）
- **卒論がない学部・学科が良い**
- **出席点への加算が高い大学が良い**
- **本人のこだわりがある学部に行ったほうが良い**（将来を見越して本人の興味は全くないけれども

○学部へ行く、などは避けた方が良い)

というような感じです。お子さんによってかなり合う合わないが違いますので、一概に言い切れないことが多いのですが、上記の大学ではスムーズに行っているお子さんが多いようです。ただし、大学という性質上、発達障害への配慮がある→楽に卒業できる、ととらえないようにご注意ください。職業技能を高めたいのであれば、専門学校へ行くのが筋なような気もします。実際、発達障害者の多くの方は専門学校に行きますし、大学に行くよりも適応がはるかに良いこともあります(時間割が決まっている、何をするかが明確、など、高校までの雰囲気で続けられる部分が多いためと思われます)。つまり、発達障害の学生への配慮をがむしゃらに叫ぶだけではなく、大学の本来の意義・目的を見失わないようにしましょう。配慮がある中で、しっかりとアカデミックの目的を達成する必要があると思います。

Q

就職に有利な学部を選ぶ?

大学を卒業してから就職したいと思っています。大学の学部を選ぶ時には専門的な学部でないと就職に不利になるのでしょうか。

A

「専門的な学部でないと就職に不利」ということはないです。①公務員・教育・保育・看護・介護などの勉強をして専門性を身に付け資格を取ることと、②その専門性や資格を使って就職することの間には、特に発達障害のある人にとっては大きな壁があり、①ができたからといって②ができるとは限りません。やはり実務では知識だけでなく臨機応変な対応やコミュニケーションが必要になるためです。公務員試験に通ったが面接で落ちてしまう人、教員免許を持っているけれど教員採用されない人、鉄道高校に行っても鉄道会社に就職できなかった人、ホテルの専門学校に行っても自分はホテルマンには向いていないとあきらめた人など、色々な方を見てきました。ご本人の興味関心が高い専門分野の勉強をすること自体は**学業へのモチベーションが高くなりますし良い面も大きい**です。

逆に資格が取れるからとあまり興味のない分野に進むというのは、ご本人があまり面白さを感じられず、最悪の場合卒業まで学習意欲が続かずに中退してしまうことも考えられます。

学んでみて初めて向いている・向いていないがわかることもありますので、**就職のことはまずは置いておいて、卒業までのスパンを念頭に置き、学部選びをしてもよい**のではと思います。

Q

受験の時に伝えるか？

大学受験の際に診断・特性について伝えるべきでしょうか。

A

今の大学入試はペーパー試験による入試だけではなく、面接などが組み合わされた選考方式が増えています。このような場合は、お子さんの人となり・個性を面談の場などで伝えるかどうか悩まれることも多いと思います。日本でも近年、障害者への合理的配慮が法制化されて、大学では障害があるから入学を拒否したりできませんし、障害に対して合理的な範囲で配慮をすることが義務付けられました。このため表向きには診断や特性を告げることで入試に不利に働くはずはありません。しかし現実問題として、**発達障害について受け入れを積極的にしていると公にしている大学はほとんどありません。**入学してから、あるいは合格が決まった後に、相談をし始めることが良いと思います。

Q

本人が診断を認められない

現在大学生ですが、本人は自分の障害を認められないようです。ただ、最近は日常生活で困ることがいろいろ増えてきて、本人はもちろん親も困っています。このような場合、どのように対処すべきでしょうか。

A

高校や大学の頃、あるいはそれ以降に診断を受けるケースは、なかなか受容が難しい場合があります。当社も色々と悩むところですが、いろいろな受容を傍《かたわ》らで見ていますと、**自分に似た人が生き生きと活躍していることを知ること、**が最もよさそうな気がしています。つまり発達障害の特性にどこか気づいているから拒絶しているわけであり、またその特性がマイナスにしかならないと感じているので、受け入れられないのだと思います。

そこにロールモデル（少し前を歩く、自分に似た人生の先輩）がいるかいないかが、**希望を持ち続けられるかの分かれ道になる可能性がある**ということです。そういったコミュニティづくりが一番ではないかと思っています。

Q

大学での相談は？

大学に進学予定です。大学内で悩みを相談したい場合は、どういった窓口が利用できるのでしょうか。

A

基本的には以下のような窓口が利用できます。また発達障害のある学生に向けたサポート室を設置している大学も増えてきています。

- **学生相談室**：大学職員が生活や学業などの悩み相談にのってくれる
- **保健管理センター**：臨床心理士が心身の悩みについて相談にのってくれる
- **就職課**（キャリアセンター）：就活および資格取得などの相談にのってくれる
- **学生課**：単位の取り方など大学生活や授業の相談にのってくれる

Q

単位がとれない心配

大学生になり、あまり親が世話を焼くのもよくないかと思っていますが、本人任せにすると単位が取れない可能性が高いです。どうしたらよいでしょうか。

A

大学生になったからといって、急に成長するわけではありません。お子さんが常に努力をしていても、方向性を間違ってしまい、かえって状況が悪くなってしまうことがあります。お子さん自身が反抗期に入り、干渉しづらい時期にさしかかる頃かとは思いますが、勉強面・生活面ともにできる限りサポートをしていきましょう。

その際には、「代わりにやってあげる」のではなく**「援助要請の方法を教える」**ことに重きを置くとよいでしょう。どの分野の悩みを、誰にどのようにして相談すべきかを教えてあげることが大切です。自立的に解決できるための筋道をアドバイスしてあげることが将来に必ずつながっていきます。

併せて、話をよく聞いて本人の状況を把握しておきましょう。履修登録が済んでいない・単位が取れていない、といった状況でも発達障害のある学生にはその弊害がイメージしづらく、困った状況にいることすら自覚できていない場合があります。本人任せにせずに、お子さんがどのような部分でつまずいているかを常に気にかけてあげてください。

Q

大学で単位を落とす

中高までは成績が良かったのですが、大学に入ってからは単位を落としてばかりです。なぜでしょうか。

A

専門的な授業が多くなり、学業が楽しくなる人もいる一方で、小中高との学習スタイルの変化についていけなくなる人も少なくありません。大学に進学する前までの学習は基本的に暗記中心となります。しかし、大学では必要な情報を身につけたうえでレポートを作成したり討論をしなければならず、**応用力が求められます。**正解が見えづらい内容になるため、発達障害のある学生にとっては難しくつまずきやすいのです。

期限内に課題を終わらせることも大きなハードルとなります。高校生までは課題が終わっていなければ先生から催促をされますが、大学の課題は出さなければそれで終わってしまいます。また、掲示板を見ながら自分で提出期限を確認したり、友人・知人とコミュニケーションをとりながら授業に関する情報を得ていくことが苦手な発達障害のある学生にとっては大きなハードルとなります。

こうならないために、**必要な支援が受けられるよう学内の相談窓口を利用したり、保護者の方がサポートをしていけるとよいでしょう。**

Q

大学に行かずゲームばかり

大学に進学後、息子が不真面目になってしまいました。ゲームなどの趣味に没頭してしまい、大学へはほとんど行っていない状況です。どのように対応すればよいでしょうか。

A

先にお伝えしておきたいのは、**多くの場合は不真面目な故にそのような状態になってしまっているのではない**ということを理解してあげてください。

発達障害の方は定型発達の方よりも生活リズムを崩しやすい傾向があります。今回の場合は下の表のような原因と対応方法が考えられるため、参考にしてみてください。

原因	対応方法
ゲーム自体に過集中になり、授業の予定を忘れる	完全にゲームを禁止するのはNG。かえってゲームに対して執着してしまったり、不安定になることがあるため。まずはゲームを活かしたサークル活動に促すなど、外の世界に興味を広げられるようにする。ひとり暮らしの場合はこまめに電話をするなどしながら学校に行くように促す。
大学自体の居心地が悪く、引きこもりがち	まずは興味のある授業を探したり、同じ趣味をもつ人のサークル活動に参加する。大学以外の活動の場（アルバイト・習い事 など）を見つける。他の居場所で人とつながれることで自信をもち、大学にも通えるようになることがある。
昼夜が逆転してしまい、授業に通うことができない	昼夜逆転は自力で立て直すのは難しいため、必ず周囲の人間がこまめに連絡するなどサポートをする。日中に本人の好む内容の外出の約束をするなどして、少しずつ朝型の生活に戻していく。

Q アルバイトをしたい

アルバイトをしたいのですが、必ずトラブルを起こし、短期間で解雇されてしまいます。どうしたらよいでしょうか。

A

大学生になり周囲の人の多くがアルバイトを始めます。〝定型発達〟の人の場合はお客さんとしてお店に訪れたり、他の人が働いている様子を見るなかで、仕事中の振る舞い方を何となく学んでいくことができますが、発達障害の人にとってそれはとても難しいことです。

まず、**発達障害の人は口頭指示に従って行動することを苦手**としています。初めての仕事はマニュアルが整備されているような職種をおすすめします。

また、ASD（自閉症スペクトラム・アスペルガー症候群）の方は接客業を苦手とする場合が多いです。これは、にこやかな表情を作ることや、「お客さんの気持ちになって」行動することが難しいためです。そのため、事務作業などの、正確さが求められるような仕事がおすすめです。

一方でLD（学習障害）の方は書字や数字の処理を求められるような事務作業を苦手とします。接客業であれば、コーヒーショップのような扱っている品目が少ないお店や、全自動のレジスターを導入しているお店がおすすめです。ティッシュ配りやポスティングのようなお仕事も比較的取り組みやすいでしょう。

卒業後就労するにあたり**アルバイトの経験は非常に貴重なもの**となります。しかし、失敗体験として終わってしまうとその後の就労意欲すらも削《そ》いでしまう危険性が高いです。大きな失敗につながらないよう、就業にあたっての知識とスキルを事前に学ぶ機会を設け、特性に合った職種を見つけられるとよいでしょう。

怪しい勧誘にだまされないために

Q 自立して生活をしていますが、先日怪しげな勧誘にだまされそうになったことがありました。どうしたらよいでしょうか。

A 発達障害の人は根が真面目で素直な方が多いです。それは長所として発揮されるべき特性ですが、悲しいことに時にそれが悪質な考えを持った人に利用されてしまうことは十分にありえます。そうならないように、**適切に〝疑う〟スキルを身につけることを目指しましょう。**

そのために、**最低限のいくつかのルールを伝えておく必要があります。**道端で突然声をかけてくるような知らない人の話には乗らない、連帯保証人には絶対にならない、というようなことです。

困っている人を見過ごせない、という気持ちからだまされてしまうことがないよう、そういったもののリスクや周囲に与える影響まできちんと説明をしましょう。

column 6

大学生活、困り感とその対応法

日本学生支援機構による2016年度の調査では障害のある学生の占める割合は0・86％。発達障害のある学生は急増し、病弱・虚弱の9387人、精神障害の6775人に次ぐ3番目の多さで4150人（http://www.jasso.go.jp/gakusei/tokubetsu_shien/chosa_kenkyu/chosa/2016.html）。

それでも発達障害の学生は約1000人に1人（0・1％程度）と言われていますが、ただ大学の現場で話を聞くと、その10倍の1％は確実におり、大学によっては10％に迫るほどではないかという人もいます。大学全入時代でお金があり希望さえすれば、どんな学生でも進学し、その多くが卒業できる時代に、発達障害の傾向がある大学生はどのように大学の4年（または専門学校や大学院の2年）を使っていけばよいのか。発達障害（含・疑い）のある大学生・専門学校生向けのガクプロでの支援経験をもとに考えます。

1 発達障害の特性を理解した大学・学部選びのポイント

大学が発達障害の受け入れを積極的にしていると公表するのは稀であることと、体制が整っていることが、それぞれの学生にとってふさわしい環境だったり、必要な支援を受けられたりとイコールではないため、支援が充実している大学に入れようと親が頑張りすぎるのは考えものでしょう。むしろ体制よりもきちんとした**「かかりつけの担当者」**を大学内に一人でも二人でも探せるかが大きな部分です。障害のある学生への合理的配慮が国公立大学は義務化されており、私立大学でも努力義務となっていますが、まだまだ組織としてよりも個人として意欲・情熱をもって動いてくれる支援者によって大学生活の充実度が変わるのが実状です。

発達障害の人にふさわしい大学・学部は、158ページでも書きましたが、▽マンモス大学よりも小規模大学、▽女子大学は概ね手厚い、▽卒論がない学部・学科が良い、▽出席点への加算が高い大学が良い、▽本人のこだわりがある学部に行ったほうが良い、など大きな傾向はあります。また、特に精神的にやや落ち込みやすいタイプの方は、**学力的に余裕がある大学・学部を選んだほうが良い**でしょう。以下で触れるように、レポートや実験などただでさえ発達障害の学生にとって困難な壁が多いのが大学・大学院です。このためぎりぎりの学力レベルですと周りの学生への引け目を感じやすい可能性があり、そもそも大学を卒業できないことも多いからです。

❷ 入学前にどの程度、障害・特性を伝えるか？

今のところ入試で発達障害であるということを理由に大きな配慮が得られる例は少数です。

高校時代に別室での受験を許可されていた、時間の延長を許可されていた、などの〝実績〟がないと、センター試験の配慮をはじめ、各大学での配慮を得られることは稀なようです。一方で大学入試前の相談会などで、障害や診断があることを伝えたことで、合否で不利益を受けたという例もほとんど聞きません。例えば対人恐怖が強く、実習などの要件が入学後に達するのが難しい医学部や看護学部などで、特性を理由に入学の可否を検討してもよいかというのは専門家でも意見が複数出るところかもしれませんが、ほとんどの場合では入学前の相談で障害特性について確認する程度になるでしょう。

相談が必要なのは合格が決まった後です。発達障害の専門のセンターが設けられている大学は一部の総合大学や障害学生支援に熱心な数えるほどの大学に限られますが、高校までの保健室的な役割を果たすことも多い「学生相談室」などに入学前に個別相談を申し入れるとよいでしょう。合格が決まった2、3月は担当の先生が休みの可能性もありますが、大学の職員としては余裕のある時期です。この時期にしっかりとご本人の特性の説明、相談の方法やタイミングを取り決めておくとよいと思います。

3 発達障害の特性が出やすい履修登録の注意点

履修登録でつまづく大学生があまりにも多くいます。高校と大きく異なるのが履修登録です。発達障害の特性が出やすい新しい作業といえます。必修はきちんととれているのか、必修以外の〝選択必修〟など大学ごとに名前や概念の異なるルールを理解しているのか、取得しやすい授業をある程度織り交ぜられているのか、曜日や時間が重なっている（つまり履修がそもそもできない）授業を取ろうとしていないか、**様々な難しさについて時間があればご家族が確認してあげるのが良い**と思います。もちろん1年後期、2年前期と徐々にご本人に任せてよいと思いますが、履修登録を忘れたなどの理由で半年、1年を棒に振る学生を数多く見ていますので、念には念を入れるのが良いと思います。

また家庭でのサポートが難しい場合は、先の学生相談室や、今は各大学に設置されているラーニングセンターやティーチング・アシスタント（TA）、あるいは教官が直接教えてくれるオフィスアワーなどの制度を確実に使えるようにしましょう。問題が起こる前から定期的に相談をする癖をつけておけると安心できます。

4 学業では「出席」「レポート」「実験」が鍵

履修登録をきちんとできたとしても、今度は出席とレポート・実験という関門が立ちふさがります。特に出席ですが、一人暮らしをしている学生は朝きちんと起きることが難しく、出席重視の単位を落としがちです。できれば一人暮らしは避けたほうが良いですが、一人暮らしをさせざるを得ない時は**「留年をしても仕方ない」と親がある程度覚悟を決める必要がある**でしょう。そもそも若者はなかなか規則的に生活できないものです。発達障害の傾向があるとその困難性は高まります。特に大学では長期休暇が長く、かつ空きコマなど1日の中でも自由すぎる時間が多いため、予定が詰まっていないと上手に時間を過ごせない特性がある学生の場合は、授業にしっかり出席するという当たり前の行為が難しくなります（ほかの〝定型発達〟の学生はそのあたり友人のノートを借りたり、適当に試験の出題の部分を見当をつけて乗り切れますが、発達障害の傾向が強いとなかなか要領よくやれません）。対策としては繰り返しになりますが**一人暮らしは避ける**、1限の授業を極力避ける、などの方法のほか、ご本人が積極的に生活リズムを整えたくなるような何らかのインセンティブ、ご褒美を作っていく必要があるでしょう。大学生にまでなって、と思われるかもしれませんが、背に腹は替えられません。

レポートは多くの学生が難しさを感じるようです。高校までの勉強と違って、自分で問いを立ててそれにこたえるという方式がレポートです。考えを文章でまとめることが苦手なタイプの人には、無数にある話題から何を選べばよいか、またそれなりに文字数を埋めて書くというところが、周囲からは見当もつかないほど苦痛を伴う作業になりえます。そもそも読書感想文で多くの発達障害のあるお子さんは苦労しているでしょうから、親御さんとしても想像に難くないでしょう。理系では実験も加わります。実験は複数の学生で行うことが多いため、人間関係の困難さも顔を出すほか、**段取りや器用さといったこれまた発達障害の学生が苦手な要素が求められます。**レポートや実験については、「型がある」ということに気づくことができるまでは、ご本人の隣で細かく見てあげる必要があるでしょう。繰り返しになりますが、ラーニングセンター、TA、オフィスアワーなどを活用していきましょう。

5 発達障害があっても入れる？ できる？ サークル・アルバイト

親としてはひょっとしたら学業よりも、サークルやアルバイトで社会性を高めてほしいというのが、願いかもしれません。しかしサークルやアルバイトができる学生は、発達障害の傾向がある人では少数派といってもよいでしょう。特にアルバイトは面接で不合格になるケースが多めです。このため**人が不足していて受かりやすい、短期間で仕事が覚えやすい、学業に影響しにくい期間にできるアルバイト**を探すほうが良いでしょう。例えば次のようなアルバイトは発達障害のある学生にお勧めできます。まずは、郵便局の年末年始のアルバイトがおすすめです。「ガクプロ」に通う学生でも相当数の学生がこの場を〝アルバイト・デビュー〟の機会にできています。そのほか、長期休暇に日雇いバイトで倉庫業務やイベント会場設営、警備員・誘導員などを行うのもよいでしょう。スーパーの品出し業務なども人手が足りないことが多く、ねらい目です。一方でファミレスや牛丼店・喫茶店などの飲食業やコンビニなどの同時並行が必要な業務は、苦手な業務が満載ですので避けたほうが良いでしょう。

次にサークルについてです。サークルは入れるものの、なかなか輪の中に入れず、徐々に居心地が悪くなってやめてしまう人が多いのが実際です。できる限り自分の趣味に重なること、中高生の部活と違って顧問の先生がいるわけではないので、指示待ちをせずに自分から仕事をもらったり協力したりしていくことが必要かもしれません。アルバイトよりは敷居が低めですが、サークルはアルバイトと違った難易度があります。親としては学外にも居場所を作るように考えておくことも必要でしょう。

6 発達障害のある大学生が就職活動を円滑に進めるために

発達障害のある大学生の就職活動のポイントとしては、▽一般枠と障害者枠のメリットとデメリットをいつどのようにご本人に伝えるか、▽一般枠を選んだ場合多くのほかの学生とどの程度同じような就活をするか（初めから小規模の企業など〝ニッチ〟を狙うのか、大企業も受けるのか）、▽理系の場合は自分の専門が生かせる就職先を目指すのかあきらめるのか、▽（秋以降に実際の就活が始まることが多い）障害者枠の場合は春夏をどのように過ごすか、また▽障害者枠の場合は1、2週間の実習があるため就活の速度が遅く、同時に受けられる会社が限られるので3月までに内定が決まらない可能性があるが受け入れられるか、などを理解したり事前に話し合っておく必要があるでしょう。

ただし**就活で一番大事なのは3年生までに単位をほぼ取り終わっておくことです。**就活・単位・卒論（卒研）と、2つ3つを同時並行で順調にこなせる学生は稀です。就活に力を入れるためには4年は週に1、2日学校に行けば十分というような体制を整えておく必要があります。この点は強調しすぎておいてしすぎることがないほど多くの学生が困る点ですので、ご家族としては1年のうちから履修や授業への出席、レポートの提出などを気にしておいたほうが良いでしょう。

頼る機関としてはまず大学の就職課になります。特に今の就活はリクナビ・マイナビに登録しておけば気持ちとしては進んだように感じますが、実際はリクナビ・マイナビのみで内定を得るのは難しいのが実情です。一番活用できるのが大学の就職課となります。彼らが持っている求人リストや合同面接会は、発達障害のある学生にも適性のある求人を含む可能性が高いですし、大学の職員が求人票にしにくい情報も含めてすすめてくれるので信頼性が高いからです。

障害者枠を受ける場合については、残念ながら、大学の就職課はほとんど対応してくれないでしょう。その際は当社のような支援機関のほか、**新卒応援ハローワークを頼る**とよいでしょう。まだ全国的ではないかもしれませんが、新卒応援ハローワークは一般枠では地場の企業の求人を、障害者枠では大企業の求人を持ち、発達障害の学生の現状に近い求人情報を持っています。無料で活用できますので、早めにご登録されることをお勧めします。

7 特性にあった合理的配慮を受けるには？

2016年4月に施行された「障害者差別解消法」によって、合理的配慮が、国立大学では義務、公立・私立大学では努力義務となりました。これまでルールが明確でなかった「このような支援・配慮を学内で受けたい」という要望のプロセスが明確になり、発達障害の学生にとっては学びの機会・権利を生かす大きな追い風となっています。

ただし合理的配慮は、まず**ご本人が困り感・変化の必要性を感じることがスタート**になります。また、障害のある学生本人が大学側に要求するという自身による権利主張・擁護《ようご》が原則で、保護者や周囲の人の動きだけでは配慮を求めることにはつながらない恐れがあります。大学に入学する数年前、できれば中高生のころから、保護者や周囲の先生方がご本人に凸凹の存在を正しく前向きに伝え、**ご本人が特性を理解し、自ら発信する力を育む必要性**が高まっています。

8 最後に

英米では高等教育機関に在籍する障害のある学生は10%を超えているという統計があります。日本の障害学生が全体の1%にも満たないことを考えると、まだまだ障害のある学生の受け入れが進んでいない国と言えるでしょう。

また、残念ながら日本において発達障害の学生の卒業率は70%台という低い率で推移しています。2016年から義務化・努力義務化となった大学での合理的配慮を上手に使いながら、親子で充実した学びの時間を作る準備をしていきましょう。

第7章

就活のイロハ［発達障害編］

学校のように明確な正解のない世界で、
就活で初めて壁にぶつかる発達障害の方も
少なくありません。
孤独な”ぼっち就活”を避けるために、
保護者の方の適度なサポートと、
信頼できる支援機関を探しておくことが大切です。

現代の就職活動は非常に複雑です。就職活動はエントリーシートの作成や面接など、普段の生活では行わないような取り組みが求められます。
ここでは発達障害のある方の就活での、よくある悩みと答えをご紹介します。

Q

障害者枠は有利？

他の障害特性と比べて、発達障害というのは障害者枠で有利ですか？　不利ですか？

A

障害者枠では圧倒的に身体障害者が有利です。具体的な数字があるわけではありませんが、当社の現場感覚では9割を超える企業が身体に障害のある人の採用を第一に考えています。精神障害や発達障害、知的障害の人は身体障害の人が雇用できない時の次善の策と考えているところがほとんどと言えます。

発達障害のメリットは、勤怠が強い（つまり仕事を欠勤することが少ない）人たちが多いところと思われます。またご本人の特性の凸凹と業務内容やオフィス環境がフィットすると高い成果を上げられるところもプラス面です。このようなところが広まれば、今後企業から魅力を理解してもらえる可能性もあります。

ただし、気持ちのサポートを求める精神障害とはちがって、先天的な脳の違いで情報処理の

【月給の分布】

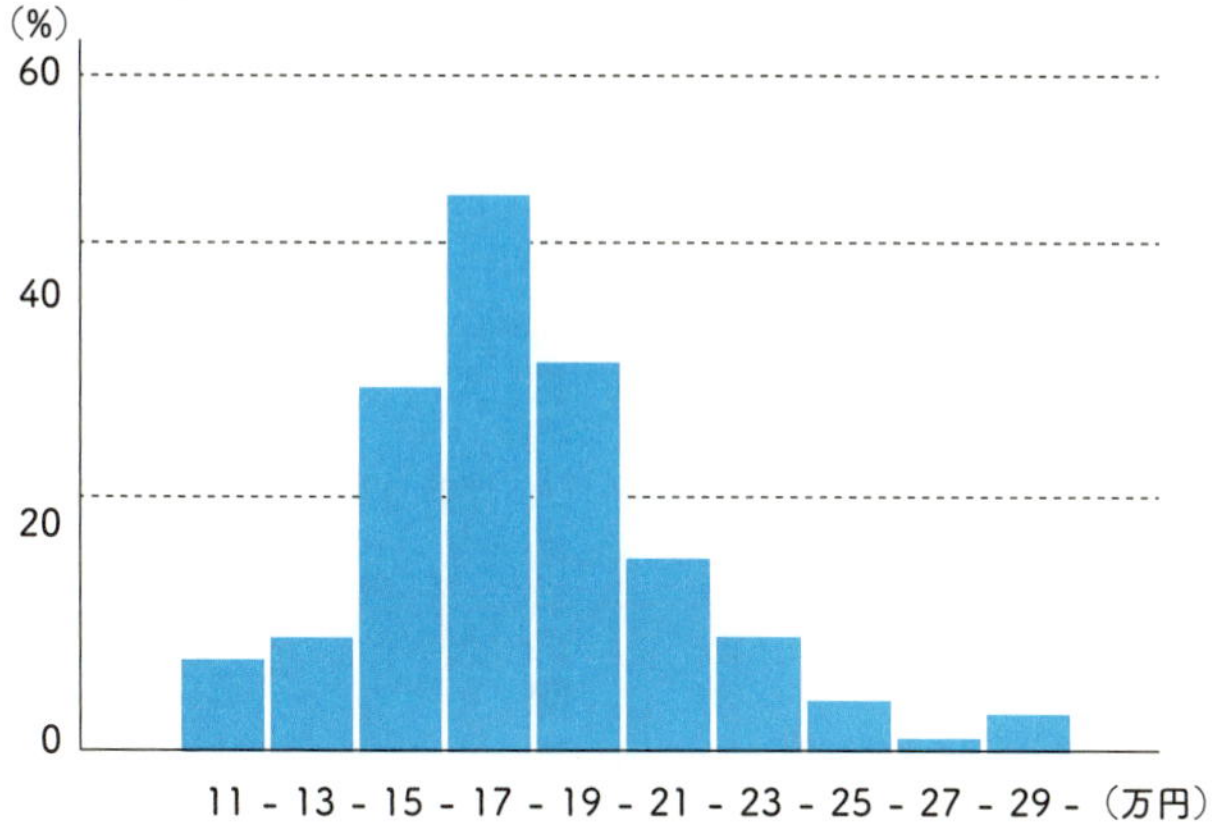

調査2017年　kaien対象就労移行支援修了者人数　330人

【職場定着率】

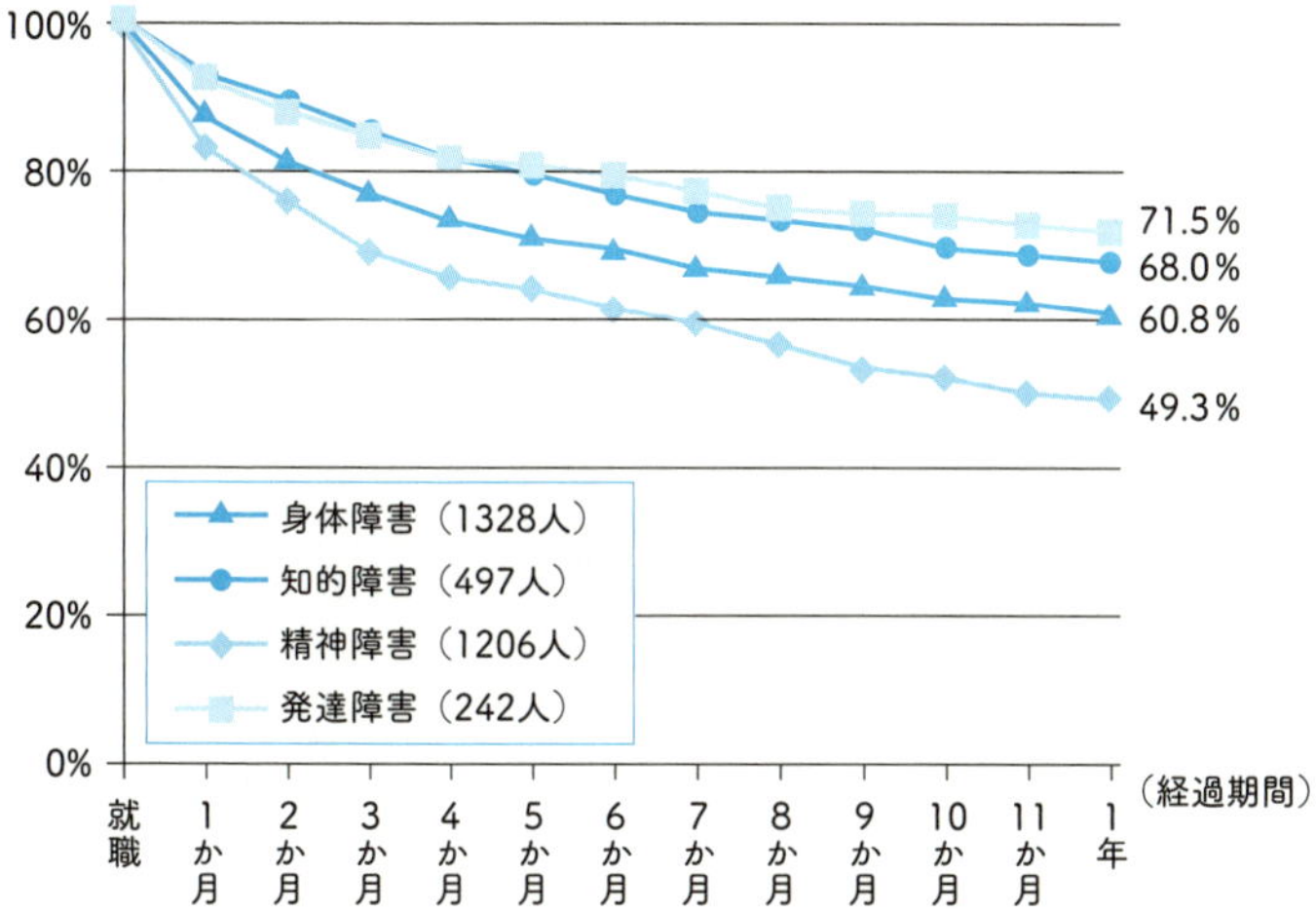

「障害者の就業状況等に関する調査研究」（2017年・障害者職業総合センター）

仕方が違う発達障害の場合は、〝多数派〟（発達障害ではない企業人事）からは理解しづらく、敬遠されてしまうこともあります。特性や配慮がわかりにくい、それだったらやはり身体障害者や知的障害者、精神障害者を雇う方がやりやすい、と思われかねないということです。

このため、当社では企業に発達障害の人をわかってもらうための啓発を行っています。「発達障害でも採用しよう」ではなく、**「発達障害だから採用しよう」**という枠を作ってきています。一度わかればこれほど素直な人たちはいない（あまりにも嘘をつかなすぎるのですが……）というのが実感ですので、徐々に理解の輪が広がっていくものと考えています。

とはいえ**発達障害の人向けの障害者枠は確かに大きく広がっている印象**があります。一部ではありますが発達障害の人の力に気付き始めた企業が出てきていることと、雇われている当事者たちが力を発揮して、発達障害の人のプラスのイメージをしっかりと企業内に浸透させ、次も発達障害の人を雇おうという好循環が生まれているのだと思います。

実際当社の就労移行支援事業を利用する訓練生の就職までの期間は7ヵ月ぐらい。給与も一般枠とあまり変わらない月額15万円以上が多く、20万円を超える方もいらっしゃいます。就職していく人の多くは経歴もそれほどありませんし、資格もほとんどありません。**誰でもチャンスがあるのが障害者枠**と言えます。

また定着率が高いのが発達障害の特長です。こうしたプラスの面に気づく企業が増えると、活躍できる場はさらに広がっていくでしょう。

Q キャリアチェンジは可能か？

障害者枠の中でキャリアチェンジはできますか？

A

はい。これまでは障害者枠というと一つの企業で勤め上げるということが多かったようですが、最近ではキャリアアップのために転職されることが多いようです。その際、**違う業種や違う職種に転じることも一般枠に比べると割合に容易**ということがあげられます。つまり、一般枠では30歳前後になると、同じ業種で、同じ職種でないと、転職がしづらいですが、障害者枠の場合は、事務の経験がなくても、年齢が高くても、事務職に初めて就くというようなことが比較的可能性が高いのが実際です。

Q 昇給はあるか？

障害者枠で昇給はありますか？　また正社員は多いですか？

A

障害者枠の難しさは、**昇給がなかなかない**ところです。もちろん少しずつ（月給が数百円上がるなど）はあるようですが、大きく上がることは珍しいケースです。というのも、障害者枠は同じような業務を数年後も十数年後も行うということを前提にしている企業が多く、一般枠のように権限や責任が大きくなり、昇給していくということが考えにくいためです。

また正社員も少なめです。これは障害者枠自体が離職率が高く、25％程度の人が1年以内に辞めていってしまうため、企業の側としても当初から正規社員にするのがリスクが高いという背景があります。

とはいえ、はじめは契約社員であっても、3年から5年後に正社員登用制度を持っている企業は多く、最終的には安定した雇用形態で働けている人が多くなっていくのも、障害者枠の特徴と言えます。

Q 就活に必要なことは？
障害者枠の就活は何か特別な準備が必要ですか？

A 障害者枠の就活で特別なことは、**自分の障害特性をきちんと理解しているか、またそれについての自分の対策と周囲に求める配慮を適切に伝えられるか**というのが非常に大きなところです。ここに関しては特別な準備が必要と言えましょう。一方で志望動機や業界研究などは不要とは言いませんが、一般枠の採用試験ほど重視されません。誤解を恐れずに言うと、障害者枠は**「マイナス面がマイナス面でない」**ということを伝える場になります。残念ながらまだまだプラス面を見てくれる会社は少ないです。

また障害者枠の就活の特徴として、企業での実習が主要なプロセスとなっているところが挙げられます。つまり面接や筆記試験だけで評価されるわけではなく、実際に1週間ほど企業の中で体験実習をすることで、どの業務が得意か、どのような配慮が必要かをお互いにすり合わせていく過程があるということです。この企業実習は無償で行われることが多いです。

発達障害の方は面接が苦手な方が多いですので、障害者枠で実習が重視されているというのは**プラスに働くことが多い**ようです。ただし実習はすべての企業で必須とされているわけではありません。面接だけで選考プロセスが終了（つまり内定）ということもありますので、それぞれの企業の選考情報を事前によく確認しましょう。

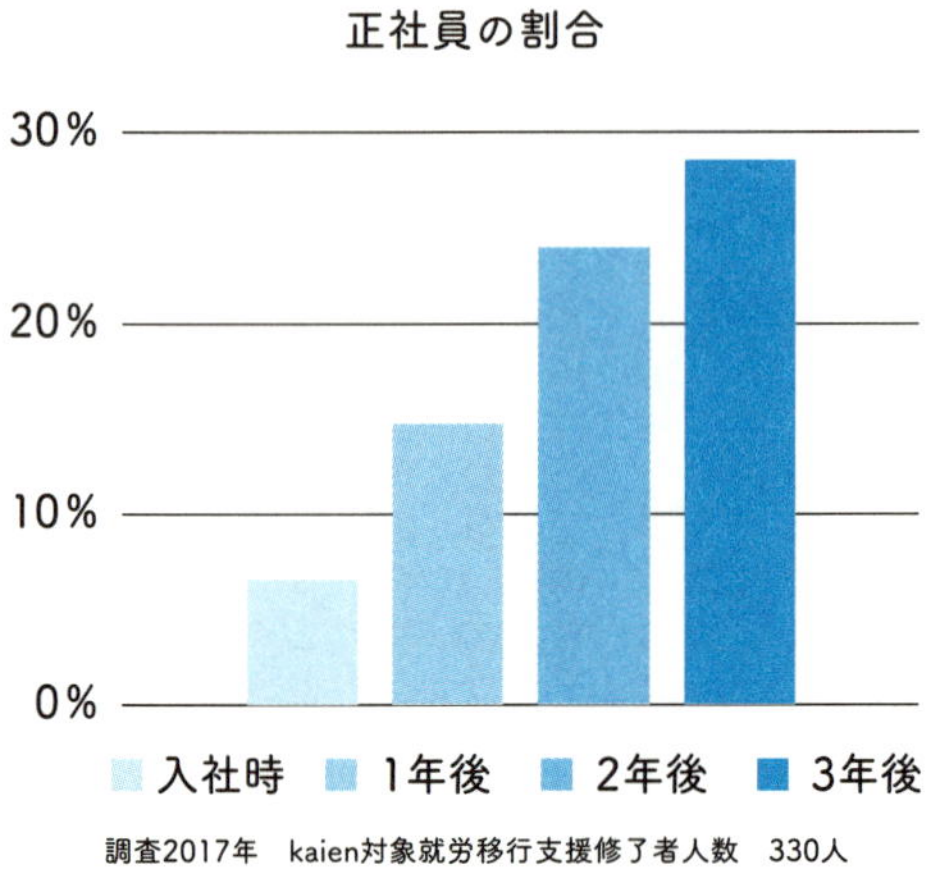

Q 正社員になれるか？

発達障害の人が正社員になるのは困難ですか？

グラフは当社の就労移行支援を利用した訓練生約300人にとったアンケート結果です。正社員として働いている人と、正社員になったタイミングを聞いています。それによると、正社員で就業をスタートしたのは10％未満。しかし、勤続年数につれ、徐々に正社員の割合は増えていることがわかります。3年後には入社時の4倍以上が正社員に転換しています。

具体例をひとつ挙げましょう。某大手物流関連企業では当社の修了生6人が働いていますが、入社後すでに4人が正社員になっています。入社1年も満たない段階での正社員登用でした。1年未満での登用は実は稀ですが、通常3年から5年で正社員化するところが多くあります。

では、なぜ初めから正社員として雇っていただけないのでしょうか？　それはやはり、雇用する企業側にとっても、人一人を正社員として雇用するのは大きな決断だからです。発達障害当事者の方の多くは遅刻・欠勤が少なく、安定していますが、それでもいろんなタイプの人がいます。

例えば、障害・特性を明かさず、つまり〝クローズド〟（一般枠）で働いている人の定着率は（あるハローワークのデータでは）約25％と言われています。自分の特徴を伝えて、つまり〝オープン〟にして障害者枠で働いている人の場合でも、75％程度にしかなりません。つまり1年後に四分の一の人が、会社が辞めさせるのではなく自分から離職してしまっているのです。障害者枠の多くは大企業・上場企業が行っています。はじめから正社員にすると、体調・精神面を崩し、休みがちになった時に、どうしても労働問題に発展しがちです。リスクを避けたい大企業・上場企業側としては、一定期間を経過して安定している方を正社員にしようという狙いがあるのだと思われます。

Q

面接がうまくいかない

就活中の大学生です。面接になると緊張してしまい、うまくいきません。何か対策はあるでしょうか。

A

面接で緊張してしまうことへの対策としては、とにかく実際の選考や面接練習で場数を踏んで慣れるというのが定石ですが、**自分がどうして面接で緊張してしまうのかを分析してみる**ことで、どういうところに気を付けて振る舞えばよいか、ポイントを絞って効果的に改善に取り組むことができます。

普段年上の人と面と向かって話す機会がないので緊張してしまう場合は、支援機関で年上のスタッフに何度か面接練習をしてもらうことで抵抗感が減るはずです。

うまく話ができないことが気になり緊張する場合は、必ず出るような質問はスクリプトにして書き出して添削してもらい、口からスラスラと出てくるくらい一人で声に出して練習して覚えてしまうと、不安を減らせます。どこに気を付ければいいかわからない時は、面接練習で面接官役からのフィードバックを参考にするとよいでしょう。

自信満々で自己PRもバッチリの100点満点の面接を目指してしまうと、そんなにうまくできないのではと緊張感が増してしまいますので、**①挨拶をきちんとして、②相手に聞き取りやすい声の大きさで話し、③聞かれた質問には短くてもいいので答える**（答えられない場合は「すみません、考えがまとまりません」と正直に言う）、という最低限のステップをクリアできれば、まずは合格点と考えて練習してください。

Q

自分に合う就職がわからない

就活中の大学生です。こだわりは強いですが、日常生活にはそれほど困っていません。が1年間就職活動をしてきて、あまりにも本人に合わないところを受け続けているように思えます。結果として落ち続けるのを見ると、どのように自分に合った職種に導いたらよいかアドバイスをいただきたいです。

A

本人に合わない求人に応募し続けてしまう人は訓練生にもいます。未経験だがどうしてもグラフィックデザイナーやSE（システムエンジニア）などの専門職になりたい、というように職種や給与などの希望条件が非常に限定されている場合と、希望条件が特に思いつかないため目についた有名企業求人をあまり深く考えず受けているという、2つのパターンが考えられます。どちらも発達障害の特性で想像力が限定されていることから、**求人情報を適切な選択範囲に絞れない**ことが共通しているポイントです。

前者の場合は周囲がやみくもに応募をやめさせようとしても、本人は納得感がないため聞く耳を持たないか、もし現実的に就活し始めて就職できたとしても、「ここは自分の望む環境じゃない、やはり元々の条件でチャレンジしたい」と短期間で離職してしまうことも最悪考えられます。

それらを防ぐには、ある程度の期間（半年〜1年が限度）は本人の希望する条件で就活すると決めてしまい、その代わり、もし期限が来ても内定がなければ希望条件を緩める、と約束を事前にしておくのが一定の効果があります。代替案として具体的な求人が提示できればなお良いので、ハローワークや支援機関に相談するとよいでしょう。

後者のケースは具体的な求人の提案があれば取り入れてもらいやすいはずなので、こちらも支援先で求人を探してもらうのがおすすめです。質問いただいた方のケースがどちらかはわかりませんが、1年間結果が出なかった事実を確認できた、今が就活の方向転換をする良いタイミングと、これまでの時間を前向きにとらえていただければと思います。

まとめ　発達障害のための賢い会社の選び方

それでは、自分の雇用を安定させるためには、どのような基準で応募企業を選べばよいのでしょうか。就労移行支援の現場で得られたいくつかのアドバイスをお伝えします。

①会社自体の安定性もあわせて考える

会社にとって正社員として雇い入れすることは大きな決断です。**簡単に正社員になれるように見えたとしたらその求人は要注意です**。特に一般枠の場合、小さな企業ではそもそも正社員の求人しかありません。契約社員では人が集められないからです。しかし残念ながらブラック企業というものはまだまだ実際に存在しています。正社員で集めた後、上手く働けない場合は労働基準法を無視したような退職勧奨が繰り返されることも可能性としてあります。そもそも会社が潰れてしまっては、正社員といえども雇用は安定しません。正社員という名前に惹かれ過ぎず、会社自体の強さをしっかり見極める必要があります。

②障害者枠での正社員求人は、ほとんどが身体障害者狙い

障害者枠では正社員の求人が少ないと書きました。言い換えると、ゼロではないということです。このため障害者枠であっても正社員のみの求人を受け続ける人が相当数いらっしゃいま

す。しかし、実は障害者枠の正社員は、ほぼ全部が身体障害者狙いの企業です。当社の印象では、9割以上の企業ができる限り身体障害者を採用したいと考えています。体に障害があるというのは人事の担当者にとっても、受け入れの上司にとっても理解がしやすいからです。その身体障害者というのは50歳以上の人が多く、企業が求める20～30歳代の身体障害者は実は非常に少なめです。このため、正社員の求人でアピールしないとなかなか応募してくれないのです。精神障害、知的障害、そして発達障害の人を採用する企業はまだまだ少数派。正社員の求人に応募すると、身体障害者との争いになり、〝撃沈〟することが多いわけです。この現実をしっかり受け止めてほしいと思います。

③過去の正社員登用の実績を調べる

入社後数年で正社員にしてくれる会社が増えてきたものの、すべての企業がそうしてくれるというわけではありません。正社員登用の可能性がどの程度あるかを把握するために、応募前に正社員登用実績を確認することができるとよいでしょう。雇用に関する形態も、それを取り巻く情勢も日々変化・多様化し、以前のように正社員になれば安心という時代ではなくなってきました。目先のことやイメージにとらわれず、地に足の着いたキャリアを積んでいただけるように心がけてください。

kaienが支援した就職者（350名）の職種比率/平均給与

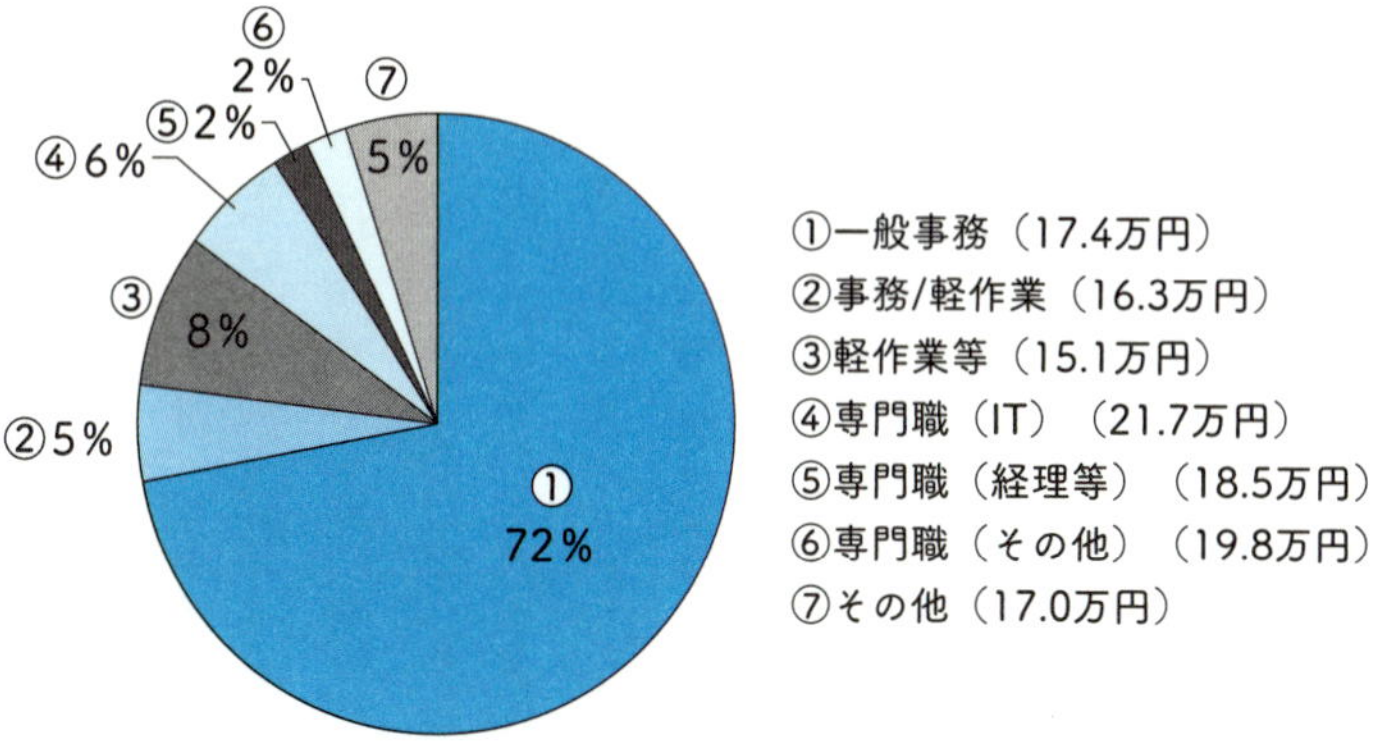

④みなさんの月給はどのぐらい？

「就職」や「仕事」などのキーワードが話題になれば、やっぱり給与レベルはまず最初に気になるところですよね。仕事内容（職種）によってお給料はどの程度違いが出るのでしょうか？

また、お給料の高い職種とはどのような仕事でしょうか？　当社のデータで確認していきたいと思います。

上記のグラフはKaienを卒業し就職した利用者の方、約350名の職種比率を集計したものです。

最も割合が多かった一般事務職の平均給与は17・4万円でした。

⑤上位3職種はいずれも専門職　IT・経理・その他

最も平均給与が高かった職種は「専門職（IT）」の21・7万円で一般事務を4万円近く上回りました。次いで機械設計や文書翻訳などが含まれる「専門職（その他）」、財務・総務などの管理系の事務専門職の「専門職（経理等）」と続きました。当然のことと言えば当然ですが、業務の専門性がより高ければ高いほど、それに比例して給与も上がる傾向があるようです。

企業の一般的なキャリアアップの考え方は2通りで、マネジメント能力を上げる方向か、技術力を磨きプロフェッショナル性を高めるかのどちらかです。

ですが、発達障害の方は特性上、対人コミュニケーションが苦手だったり、複数の業務を同時並行することが苦手な方が多く、マネジメントの方向で給与を上げるのは難しいと感じている人が多いようです。その分、給与を上げていこうとすると、発達障害の方にとって技術面で仕事の力を上げていくことはとても重要です。

まさに発達障害の特性である「こだわり」を活かす形で、自分の興味関心との重なりを見つけ、強みとなる専門分野を見つけて欲しいと思っています。

⑥障害者枠の場合、給与アップには転職が選択肢

ただ一つ注意すべきところがあります。それは障害者枠では社内の異動があまりないということです。つまり、専門性を身につけたとしても、一度入った会社では違うセクションに異動したり、給与が大きく上がったりがしづらいということです。このため、給与をアップさせたい場合には、転職をせざるを得ないケースが多くあります。

もちろんその時は働きながら就職活動をするという、同時並行作業になりますので、上手に支援機関や企業に相談しながら、すべきことを整理していくとよいでしょう。

第8章

「何を仕事にするか」ではなく「どのように働くか」

発達障害のある子の将来に不安を覚えた時、
親はどうしても「何を仕事にするか」
ということに注目しがちですが、
本当に大切なのは「どのように働くか」
ということです。
大人になった時の事例を見ながら、
将来像をイメージしていただければ幸いです。

発達障害の人が働くということ

診断名にかかわらず、現代のスピードや臨機応変さが求められる職場では生きづらさがあるのが発達障害の人の共通の特徴です。しかし、発達障害の方には、いわゆる「定型発達者」にはあまりないプラスの面、独特の特性があります。発達障害の傾向があっても、特徴を活かせる職場環境・職種・コミュニケーションの方法などを組み合わせることや、適切な支援を受けることで、**強みを活かし弱みを見えづらくできる可能性**が高まります。

◎発達障害の長所の例

- 事実を見る力
- 細部重視、緻密な作業
- 発想力や他人と違う視点
- 知識が豊富で分厚い
- 関心が高いものへの集中力の持続
- 数値・文字情報への適性
- ルール遵守・反復力

◎得意な分野

特性が適合する職場では非常に高い生産性を発揮する可能性があります。主に下流工程と言われる、見通しがつきやすい部分の仕事や、マニア的に詳しく高い集中力が続く職種にフィットト感を感じる人が多いでしょう。

- 自分の関心事を掘り下げられる仕事（編集、記者、電化製品等販売員など）
- PCを使う・内勤である仕事（事務補助、プログラマー、テクニカルオペレーターなど）
- 反復が多い・ルールが決まっている（法務・情報管理、経理、ルートセールスなど）
- 緻密さが求められる（品質管理、テスター、検査技師など）
- マイルールで突き進める（研究者、学者など専門分野や、起業・フリーランスなど）

一方で以下のような職種は発達障害の方には向かないケースが多いと考えています。必ずしもすべての方ではありませんが、一般的に不得意な場合が多いとお考えください。

◎不得意な分野

- 複数の客と臨機応変に対応する（販売員、接客スタッフなど）
- 自分の納得しない商品やサービスを販売する（広く営業部門など）

●相手の意を汲んで複数関係者を調整していく（企画・調整部門、中間管理職 など）
●新しいものを作る際に多くの関係者の動きを予想する（上流工程を担当する開発部門 など）

いずれにせよ実際の職場にごく近い環境で就職・定着力を向上させること、発達障害の長所を伸ばし苦手を見えにくくすることで、ご本人の持ち味を活かした仕事につながる可能性が高くなります。

◎大人の発達障害　就活・転職活動

発達障害の人は一般枠で就職するのか、障害者枠で就職するのかで悩む人が多くいます。特性に配慮してもらって自分の能力を活かす障害者枠を考えるのか、あるいは弱みをできる限り見えづらくして一般枠に適応するか、の選択です。障害の程度が重いからと言って障害者枠が良いとも言い切れませんし、一般枠で無理ということもありません。同じように発達障害的な部分がうっすらとしていても、不安が強く障害者枠を好む方もいます。

具体的にはその人の業界経験やコミュニケーション力、精神・肉体的な負荷への耐性などが総合的に関係しますし、一般枠と言ってもグローバル企業から地域の中小零細企業まで幅広く存在しているため、どの道に進むべきかは診断や知能検査などからは簡単に導き出すことはできません。個別具体的なケースについては発達障害と就職・人材業界の両方に詳しい専門家に相談することをおすすめします。
以下に具体的・典型的な人物像を示しますので、参考になさって下さい。

◎発達障害者の就活・転職活動（※いずれも複数の方のストーリーを合わせた架空の人物像です）

Aさん　35歳　女性　既婚

大卒後、事務職として職業人生スタート。当初半年程度は、細かな作業、静かな場所での作業、毎月の決まった仕事などを丁寧に仕上げていた。しかし口頭での指示を取り違えたり、電話が上手に取れなかったり、女性同士の会話についていけないなど、一部の人との対人関係が徐々に悪化し退職。結婚を挟んで再就職を目指しているが、目立った職歴がなく就職活動がうまくいかない。近所付き合いや友達付き合いもうまくいかない中、アスペルガー症候群の本をきっかけに病院を訪れ、広汎性発達障害と診断される。その後は服薬もなく病院にも頻繁には通っていなかったが、就職を考え、精神障害者保健福祉手帳を申請。

【解説】ＡＤＨＤの不注意と広義のＬＤが併存しているタイプです。仕事が定型かつ落ち着いた環境で人間関係がさばさばしている職場ではフィット感があるでしょう。一般枠でも十分に働ける力があっても、苦手感を理解してくれる安心した環境で働きたいという場合は、障害者枠を希望されることがありえます。また実際、診断を受け、困り感があり、本人に取得意志があれば、問題なく障害者手帳は出るものです。

Bさん　23歳　男性　未婚

小さい頃に言葉の遅れが目立ち、また同い年の子との遊びの輪に加わらず、「発達が気になる」と受診。診断を受ける。その後は周囲のサポートもあり、また本人もほんわかとした性格であり、特段大きな課題は生じず、小中高と進む。専門学校で就職活動をし、なんとか1社内定。従業員50人程度のＩＴ企業（派遣）に就職。しかしスピードや業務量についていけず半年で離職。その後、職業訓練を受けている。

【解説】ＩＱが85程度。以前でしたら高機能自閉症、あるいは学習障害と診断を受けたケースかもしれません。大きくなっても言葉遣いにやや不自然さが見られるものの、〝受動型〟であるため周囲から煙たがられることもなく、特別な支援は受けずとも、するすると進学。ただし職場のスピード感には追いつくのが難しく、社会に出て障害特性を理解した支援を受けることがおススメなタイプと言えます。

Cさん　28歳　男性　未婚

中高一貫校から大学に進む。しかし研究と就職活動の両立がうまくいかず留年。特にレポート・論文で苦労する。通常より2年長くかかって卒業。その後も就職先がない。在学中から大学内の学生支援課などでカウンセリングを受ける。その後、大学病院でアスペルガー症候群と適応障害の診断を受ける。一般枠で就職活動を続けたものの1社も受からず、手帳を取得して障害者雇用での就職を考え始める。

【解説】ＩＱが120ぐらい。高学歴に多い発達障害のタイプです。見た目にもあまり頓着せず、あまり親しくない人からはガサツな人と思われがちですが、実はガラスのハートの持ち主という、表情や振る舞いからはわからない内面を持つ方が多いです。このような方も高校や大学、そして社会にと年齢が高くなるごとに適応が難しくなってきます。まずは一般枠の就職をすることが、本人も自分の得手不得手を職場という環境で理解できるので望ましいでしょう。

Dさん　40歳　男性　既婚

趣味は鉄道。小さいころから周囲との違和感はあったが、趣味の合う友達がいたり、のんびりとした地域で育ったため、特に困難もなく高校・大学と進む。就活で苦戦するが地元企業になんとか内定。その後、営業・総務・コールセンターを転々とする。どの部署でも仕事の覚えが悪い、怒られても申し訳なさそうにしていない、いつもは律儀だが時々感情的になり周囲をイラッとさせるなど、すれ違いが出て徐々に孤立。転職をするが、そこでも適応が難しく、何か原因があるのではと思っていた矢先、妻から家庭でも気が利かないことを指摘され、発達障害を疑い始める。確定診断には至らなかったが、傾向があると複数の医師から見立てを告げられる。

【解説】 律儀なアスペルガー症候群の典型でしょう。スピード感は遅いものの、ルール通りに、周囲の人への気遣いも（やや機械的ですが）でき、友達も趣味を通しているタイプです。このため、少し変わった人ということで成長し、就職もできますが、部下を指導したり、複雑な案件で調整が必要となったりすると、苦しさが出てきます。無理に出世せず、そのまま専門職などで働けると一生幸せに暮らせるタイプです。

Eさん　31歳　女性　未婚

小さいころから〝不思議ちゃん〟と呼ばれる。学校に遅刻したり、物忘れがひどく、毎日平穏に過ごすこと自体に疲れを感じ始める。部屋は足の踏み場がないほど片づかず、そういった様子を振り返ると自分が情けなくなり、一人さめざめと泣くことが多くなる。自尊心は常に低い。1対1で話をすることは得意なため、面接での評価は高いが、仕事が始まるとミスや抜け漏れが出ないように極度に神経を使うため、土日は何もする気が起きないほど。週末はほぼ寝て過ごしてしまう。片づけられないというキーワードからADHDを疑い受診。服薬後はできなかった整理整頓や思考のまとめができるようになり、生きやすくなったと感じる。

【解説】女性に大変多いタイプです。ゆっくりとしていてどことなく愛嬌があり、異性からの人気も高いでしょう。しかしご本人の脳内はかなり取っ散らかっています。かつASD（自閉症スペクトラム・アスペルガー症候群）の特性は弱いために自分が客観視できるので、自分の抜け漏れや周囲のがっかり感が認識できてしまい、自己肯定感が沈みがちです。このような症状がADHD治療薬で改善することもあります。このケースもその一人です。

次からは、発達障害者の仕事についての悩み、困りごとを集めてみました。就労するのはまだ先の話でも、将来の見通しが立ち、働くことについて考えるきっかけになれば、と思います。

Q 検査で適職はわかるか？

発達検査・心理検査で適職はわかりますか？

A

率直に言うと発達検査でわかることは限定的です。デスクワーク（事務関係等）が良いか、軽作業（力仕事等）が良いか、くらいはわかると思います。つまり**「適職」ではなく「適性」がわかる**程度です。

年々世の中はスピードが増し、多様になり、働く環境も日々変化します。同じ職種名であっても求められるスキルは変わってきます。発達の検査はもともと職業を探すためではないですし、職業を探すために特化する検査をつくったとしても大体こういう傾向、ということがわかるだけで参考になりにくいのが実状です。

おすすめの職種が伝えにくい一方で、この仕事、この環境、この社風はやめたほうが良いというのは、検査を見るとある程度お伝えすることができると思います。向いている仕事はいくつもの要素が合わさらないとならないですが、苦手な仕事はほんの一つ二つの要素だけで、避けたほうが良いことがわかるからです。

また発達障害の傾向があると、**苦手なことをご自身が理解していない**ことがたびたびあります。その意味でも、数字などで客観的に自分の苦手さをわかり、消去法で自分の得意な道を探していくという方法が良いかと思います。

Q発達障害に合う仕事は？

具体的に、発達障害に合った仕事、合わない仕事を教えてください。

A

発達障害の方の適職の一つは経理です。もちろん個々人によると思いますが、合う可能性が高い業務だと思います。IT関係の仕事も適性があることが多いようです。人間相手の微妙な頃合いで正解が変わるものではなく、ある程度合理的に仕事が進んでいく、成果物も○×がわかりやすいというのがあると思います。

一方で苦手な業務は残念ながらたくさんあります。電話応対の多い業務や、同時並行が多く相手の気持ちも汲みながら働くような接客業務、計画を立て段取りよく、かつ時には話を盛って上手に「嘘」をつきながら進めるような営業、ミスが許されない書類の作成業務などは、苦しむ人が多いと思います。また得意な方に書いたIT関係も、下流工程の言われたことをこなすものは得意な方が多いですが、営業や調整の役割の多いSE（システムエンジニア）は難しい例が多いです。

ただ重要なのは向いている仕事、向いていない仕事というよりも、**向いている会社・職場・社風、向いていない会社・職場・社風で考えたほうが良い**ということです。

接客でも、マニュアルが整っていて、自分のやり方がある程度認められるAという職場では合う人も、マニュアルがなく阿吽《あうん》の呼吸でやり方が決まるBという職場では合わない人がいるからです。つまり**周囲の環境とのマッチングが重要**です。

Q

発達障害とわかったら転職すべき？

発達障害がわかったら、転職すべきですか？　障害者枠のほうが良いですか？

A

どんな人にも得手不得手はあります。それが発達障害・アスペルガー・ADHDというキーワードで理解できたとしたら、それは一つの発見だと思いますし、プラスにとらえていただきたいと思います。診断や特性がわかると、その苦手さを今の職場で見えづらくする工夫ができる可能性が高まったということになります。

つまり、**原因がわかったのだから、対策が見える可能性がある**ということです。障害特性というのは基本的にはなくなりませんから、克服を目指すというよりも、目立たなくするという対策になりますが、原因がわかったことは大きなことです。

ある程度対策が見えて、職場で力が発揮しやすくなったのであれば、診断があっても転職する必要はなく、また障害者枠にする必要もないでしょう。一方で、ある程度特性を理解して対応しようとしても、深みにはまったり苦しさが変わらない場合は、転職や障害者枠も考えたほうが良いと思います。

ご自身で変化しきれない場合、上司に仕事の種類を変えてもらったり、部署異動など、周囲の変化をお願いするという手ももちろんあります。ただその際もご自身が変わろうという意志や行動を見せることが周囲を動かすカギになることは忘れないでください。

Q 適職は本当にあるの？

本当に適職なんてあるんでしょうか？

A

「適職」を強く求める人にお伝えしている内容は2つあります。まず1つが、「天職」のような適職が見つかる例は少ない、つまり、**生涯かかっても天職に巡り合えない人がほとんどだ**ということです。赤い糸で結ばれた職種など、そもそも数十年という時間軸では巡り合えない可能性があるため、最良のもの（Best）ではなく、自分が手の届く範囲で、より良いもの（Better）を探していく形になります。

また2つ目が、**今の時代は同じ職種ですら中身がどんどん変わる**ということです。例えば同じプログラマーという名前でも10年20年前と今のプログラマーは求められる能力・特性が変わってきています。適職と言っても徐々に合わなくなっていく可能性を常にはらんでいます。

自分にぴったりの適職というカード（職種）を探して右往左往することを多くの若者がしているように思いますが、なんだかもったいないことをしているなと感じます。そうではなく、配られた・与えられたカード（職種）をしっかりと適職にできるかどうかが、重要なのだと思います。**「正しい選択肢を探すよりも、与えられた選択肢を正しくする方が簡単」**というわけです。

ただし、発達障害の方の場合、想像が苦手という特性から、自分に全く合っていないものを選んでしまうリスクが高いです。また、発達障害の方の場合は青い鳥症候群（自分に合った仕事がどこかにあるはずと思い続ける）になりやすいとも言えます。このあたりについては発達障害の方はより専門的な就職支援が必要と言えるでしょう。

まとめますと、**絶対選んではいけない仕事を選ばないように支援し、また与えられたポジションを適職にするように基礎力を高めていく**、ということ。これが発達障害の方への支援の軸なのだろうなと常日頃思っています。いつもうまくいくとは限らないのですが、支援の王道を進むことが効果が一番大きく、可能性が一番高いです。

Q

発達障害の傾向のある子が将来働くためには？

小学校低学年自閉症スペクトラムの男児がいます。将来就労して自立を目指してほしいと考えております。発達障害のある子が将来働くためには、何を一番大切にしたらいいのでしょうか。

A

ＴＥＥＮＳ（当社運営の放課後等デイサービス）では**「質問・相談力」、「段取り力」、「自尊心」の3つを働く力と定義**しています。いずれも発達障害のあるお子さんが苦手とするところですが、仕事をする上で必須ともいえる要素です。

ただし小学生ということなので、大きな課題がなければ、まずは日々楽しく過ごせれば良いのではないでしょうか。３つの力の中で自尊心をはぐくむためには、まず**ご家庭で特に親御様が不安なく子どもに接してあげるのがとても重要**だからです。当社につながる親御様ほど我が子のことを思って動かれていますが、あまり過度になると不安が子どもに伝わってしまう可能性もあります。まずはご自身が落ち着いて愛情をもって接するところを大事にして下さい。その上で、ご本人が希望し、楽しさが増すのであれば、発達障害のある子向けのキャリア教育自立支援プログラムを提供している機関を上手に頼っていきましょう。

Q

働く意欲のなさは発達障害のせい？

自分に向いている職業が見つかりません。今の仕事には興味をもてず、やる気もなく、働く意欲がわきません……。やる気の出る仕事に就きたいと思うのですが。アドバイスをお願いします。

A

自分の興味のあるものしか集中できない、物事を先送りしがちになる、職種・仕事や会社という無数の選択肢から選ぶ作業が苦手、などがある場合、発達障害の多くの要素が絡まっていることが多いようです。仕事に興味が持てない、自分に向いている仕事がわからない、意味がないと思う業務にはとことんやる気がわかない、などは当社プログラムに通う人からよく聞きます。

ただし、発達障害でない多くの人も似たり寄ったり。皆が皆意欲があって、自分の興味のある分野に、目を輝かせて働いているわけではありません。大抵は、不平不満や愚痴を言いながらなんとか働いています。そういった場合働いている理由は、お金を得るという実利もありますが、働いていない状態が健康上も精神安定上もよくないから（つまり暇すぎるとかえって苦しむから）なのでしょう。働く意欲があるわけでもなく、自分に向いているから働いているわけでもなく、働いていないという状態を避けるために働いている方は、結構多いのではないでしょうか。

　つまり、やや逆説的ですが、**そもそも自分に向いている仕事が世の中に見つかるはずはない、やる気なんて出るわけはない、という前提**で、でもまあ何もしないと苦しいから働くか……みたいな諦観があってこそ、働けるのかもしれないのです。（ややたとえは乱暴で不快に思う方もいるのは承知でわかりやすいと思って例としますが）赤い糸で結ばれている誰かと会えるかもしれないと思っていると、いつまでも赤い糸が見つからず結婚できない確率が高まると思います。それと同じことで、あまり仕事に対するハードルを上げる（例：自分の特徴にぴったり合った仕事じゃないといけない、日々うきうきできる職場じゃないといけない、自己実現・成長を実現できる会社じゃないといけないなど）と、そんな企業・職種がそうそう見つかるわけもなく、結果、無職の時代が長くなってしまうということになりそ

うです。

今の社会は仕事＝自己実現という風潮が強く、あまり良くないことではないかと個人的には思っています。一定数の成功者はそういう定義でもよいですが、世の中の大部分の人にとって**仕事は人生の一つの側面**でしかありません。自己実現や自己表現は他のことでしてもよく、仕事をそれほど大仰に考えなくてもよいのではないでしょうか。

仕事というのは何度もやり直しがきくものであり、まずはだまされたと思って働いてみるという意識が必要でしょう。もちろんその中で面白みや自分に合ったものに会えるはずです。そもそも動いていないとそういうチャンスにも巡り合えないはずですので。

Q

働かない権利

長い間に積み重なった自己否定感があまりに大きく、就労意欲を持たせるまでが非常に大変です。どのように自己肯定感を高めていけばいいのでしょうか？

A

発達障害の中で、自己肯定感が低い人、そもそも就職に向けての意欲が低いタイプをどう考えるかは当社としても考えるべきテーマとしています。ひとつの考え方は、そもそも働くことを是とする社会がいけないのではないかというものです。**働かない権利**は社会全体としてもっと認知されてもよいと思います。

もちろんこれは社会全体についての答えの案であり、実際の個別のケースでは、人生や将来をいかに前向きに捉えてもらうか、働くことを目標にしてもらえるかということが課題になるでしょう。当社でも成功体験が少ない自尊心が低いタイプをどうするか、まだ明確な答えが見つかっていません。

現実には**子どもの頃からの良質な体験が必要だ**と考えていて、TEENSという、お仕事体験で将来について考えることのできる放課後等デイサービスを運営しています。また、大人になってからは難しさが格段にあがりますが、やはり、言葉で操縦する形ではなく、プログラムの中で体験を通じて自らの自尊心を高めてもらうことが理想的だと考えています。

Q

高卒での障害者枠就労

高校3年生、障害者枠での就職を希望しています。コミュニケーションは苦手ですが、PC操作などIT能力は高いと思います。就活の前に、まずはコミュニケーションやビジネスマナーなど社会人としてのスキルを訓練したいと思いますが、どうしたらよいでしょうか。また、4月入社にこだわらず、まずはコミュニケーションスキルを身につけてから就活したいと思っていますが大丈夫でしょうか?

A

実はここが当社が問題意識を持っているところです。つまり、特別支援学校に通う、多くは知的障害の伴う発達障害のお子さんの場合は、学校で就職活動を支援してくれます。しかし一般の学校に通う高校生の場合、障害者枠では学校の先生もまったく経験がないため、アドバイスが受けられないことが一般的です。

このため当社ではいくつか対策を考えています。TEENS（当社運営の放課後等デイサービス）で就職支援を厚くすることがまず一つ。加えて、本来大学生や専門学校生向けのガクプロにも高校生の段階でも参加いただくことを可能にしています。さらにはより就職に近づきやすい、高校生でも受けられる職場実習の開拓なども行っています。学校でできにくいからこそ当社などが行う社会的な意義があると思いますので、今後力を入れたいと思っています。

なお、ご質問に4月にこだわらないとありました。まさにその通りでよいと思います。特に**障害者枠の場合は、〝新卒〟の概念が希薄です。**このため3月までに受からなかったら急に求人数が減るということはありません。

しっかりと合ったところを探されるとよいと思います。

Q

人として尊重してもらえる職場か

以前会社勤めをしていた際、ハラスメントにあたる行為を受けたことがあります。職場で、一人の人として尊重してもらえるのか、不安に思う気持ちが強いです。

A

世界規模で競争が激しく、特にどの国に対しても競争優位性がなくなりつつある日本では、どんな企業も生き残るために必死で、残業などの法令順守は建前となり、労働者を使い捨てのようにして考える企業が増えていると思いますし、全社がブラックで染まっていなくても、どの企業でもブラック企業の側面はそこここに見え隠れしていると思います。

そんな中、**残業もまったくなく、あったとしてもごくわずかであり、厳しい言葉をかけられる場面も比較的少ないのが障害者枠とも言えます。**いろいろな障害者枠はありますが、多くは大企業で、そこそこの環境で働けるため、一般枠でボロボロになった人が駆け込み寺的に働く制度という活用法も出てきています。

換言すると、障害者雇用が増えているのは、障害者の受け入れが進んでいるという面もあるとは思いますが、多くの部分が一般枠で傷ついた資本主義の負傷兵たちが手当てを受けながら社会に踏みとどまっている銃後の場ともいえます。

ご質問を読むにだいぶつらい思いをされているように感じましたので、自分を尊重してくれるという点を考えると障害者枠も検討したほうが良いでしょう。

Q

在宅勤務の可能性

在宅勤務を希望しています。在宅限定でプログラマー職を探したいのですが、可能でしょうか?

A

在宅勤務は働く環境を維持・向上するために整備が進んでいますし、社会的にも機運が高まっているように感じます。その流れは必ず働きづらさを抱えた人の社会進出にも、具体的には障害者枠の方向にも流れてくることが予想されます。

ただし、在宅で勤務すると気づきますが、**コミュニケーションの難しさは、職場で顔を合わせられる環境のそれよりも、はるかに高度である**ことには注意が必要です。

つまり、在宅でする場合は、集中しやすい、疲れづらいなどのプラス面もある一方で、意思疎通の難しさが課題になります。長期的には在宅勤務の障害者枠はどんどん増えると思いますが、短期的にはまずオフィスで働いて人間関係が作れたうえで、コミュニケーション能力の非常に高い障害者枠で働く人が在宅に切り替わる、という事例が多くなるのではと考えています。

第9章

大人の発達障害と仕事

～ADHD,ASD,LD

この章では、診断別に働く上で見られる特性と、
仕事選びのポイントについてまとめました。
ただし、診断名は「非重視」を推奨しています。
ここではあくまで大きな傾向だけお伝えをしている、
ということをご理解ください。
いつかお子さんが大人になった時に、
自己理解を深めるためのツールとして、
ご活用いただけたらとても嬉しく思います。

ADHD（注意欠如多動性障害）に向いている仕事

◎ADHDとは？

ADHDは〝Attention Deficit Hyperactivity Disorder〟の略で、日本語では注意欠如多動性障害と訳します。以前は注意欠陥多動性障害と訳していましたが、「欠陥」という言葉よりマイルドな「欠如」という言葉に置き換わりました。ADHDの人は注意が散漫だったり、じっとしているのが難しく衝動的に行動する傾向があります。個人によってどの特徴が強く出ているかは変わりますし、同じ人でも年齢を重ねると行動の傾向が変わったり、特徴が弱まることもあります。以下のタイプに分けて考えるとわかりやすいでしょう。

- **不注意優勢型**：　必要なことに注意を向ける・向け続けるのが苦手。
- **多動／衝動性優勢型**：　必要のない動作・行動が多くじっとしているのが苦手。突然行動しはじめることが多い。
- **混合型**：　不注意と多動／衝動性両方の特徴がある。

◎大人のADHD特徴1：頭の中が〝多動〟である

子どもの頃に教室で席に座っているのが難しいというような多動の傾向があったADHDの方も、大人になるとほとんどの人は身体の多動が目立たなくなります。身体の多動が認められないということでADD（注意欠如障害）と診断されることもあります。これは多動な特徴がなくなったというよりは、頭の中の多動は残っていて結果として不注意につながっていると言えます。**上手に頭の中を整理できない、制御できないような状態**です。

- つい他のことを考えて気が散ってしまう。すべき仕事に集中できない。
- 集中して作業し過ぎて疲れてしまう（過集中）。
- 1つの作業を順序立てて進めるのが苦手。段取り良く作業できない。
- 複数の作業を一度に進めようとするとどこから手を付けたらいいかわからなくなる。どの作業も途中までで完了できない状態になりやすい。

ADHDの傾向がない、いわゆる〝定型発達〟の人は、あまり自分で意識しなくても今何に注意を向ければいいか気づくことができますし、これからこの作業を行おうと意識すれば集中することができます。しかしADHDの人はこのような**注意関心の調整がうまくいかず、日常的に苦労しています。**少し気を抜いただけでも何をするべきか頭から抜けてしまいやすく、意識して集中しようとしても注意がそれてしまいがちです。逆に意識して考えないようにしようとしても、どうしても気になってしまうことがあります。そのため日々の生活や仕事の中で覚えておかなければならなかったことをうっかり忘れてしまったり、気を付けておかなければならなかったことを行えずにミスをしてしまいやすくなります。

◎大人のADHD 特徴2：〝衝動的〟な言動・〝突発的〟な気分変調

すべり台の順番が待てずに割り込んで滑ろうとするなど、ADHDのあるお子さんのわかりやすい衝動性は大人になると見えにくくなりますが、気分に大きなむらがあったり、急に考えが変わったり思いついて行動に移してしまうなど別の形で現れます。その時の感情や自分が思いついたことに気を取られ、ついつい周囲への気配りや前後の流れを無視してしまいがちです。

- 思ったことをすぐに発言してしまう。他の人が話していても遮《さえぎ》って話し始めてしまう。
- 作業をしていても別の作業が気になると、そちらに手を付けてしまい元々の作業が進まなくなる。
- カチンとくると怒りがうまく抑えられない。
- ミスをすると少しのことでも大きく落ち込んでしまい、他のことが手につかなくなる。

以上のような例はすぐに変化が起こるのでわかりやすいですが、注意しておきたいのは数日～数ヵ月など中・長期で関心のあるものが変わるパターンです。仕事を転々としたり、相性が悪いからと通院先を変え続けたりと、長期間継続するのが難しいことがあります。また気分も中長期でアップダウンがあることがあり、この場合双極性障害と見分けがつきにくいこともあります。年齢が若いうちは問題は見えにくいですが、この中長期の衝動性・突発性が収まらないと、安定したライフプランを立てにくくなる恐れがあります。

◎大人のADHD特徴3：ミス・抜け漏れが多い

ADHDの人が最も訴えるのは**ミスや抜け漏れの多さ**です。特徴1でお伝えしたように注意・関心のコントロールがしづらく、またワーキングメモリー(短期間情報を記憶して処理する能力)が小さいためと考えられます。人間ならば誰でもミスはあります。しかしADHDの人はミスの頻度が他の人の数倍あったり、どうしてもミスをしてはいけない場面でミスする・忘れてはいけないことが抜け落ちてしまうなど、生活や職場で大きな支障が出てしまいがちです。

- 重要な手続きの期限を守れない。
- ケアレスミスを何度も繰り返してしまう。
- 持ち物を頻繁に忘れる・なくしてしまう。

何より苦しいのは、ご本人もそういった自分のミスに後で気づきやすいため、ADHDの人は**日常生活を送るだけでも自分の至らなさに思い悩み傷つきやすい**ことです。過去の苦い経験もあり、覚えることが多かったり、行わなければいけない作業が重なったりすると、パニックになって頭が真っ白になる人もいます。中には本人が気付かないうちに声を上げてしまったりして、周りの人からびっくりされることもあるでしょう。

◎ADHDとASD（自閉症スペクトラム・アスペルガー症候群）の併存

以前の診断基準では、ADHDとPDD（広汎性発達障害、自閉症スペクトラムの旧診断名）のどちらの特徴もある場合は、PDDの診断を優先していました。つまりADHDとPDD両方の診断を受けることはありませんでした。しかし2013年にアメリカ精神医学会から発表されたDSM-5という診断基準から、ADHDとASDの併存も可能と変更になりました。日々大人の発達障害の方の支援に当たっている者としてはこの変更は実感に合っていると感じます。ADHDとASDどちらの特徴も持っている人は少なくない印象です。

自閉症スペクトラム（ASD）・アスペルガー症候群（AS）の特徴は、**①空気が読めない、②コミュニケーションが苦手、③こだわりがある**という、いわゆる「3つ組の障害」と言われるものに集約されます。これまでにお伝えしてきたADHDの特徴である**①頭の多動、②衝動・突発、③ミス・抜け漏れの多さ**とは大きく異なると思われるかもしれません。

ただし実際には専門家でも「衝動的に行動している（ADHD的）」のか「社会性の難しさから空気を読んでいない（ASD的）」のかどちらか判断がつきづらかったり、「過度に集中している（ＡＤＨＤ的）」のか「こだわりから作業を続けている（ＡＳＤ的）」のか判別しづらいことがあります。そのため当社では**診断名にこだわらずに**、個別に要因を分析して具体的な支援方法を検討するようにしています。

ＡＤＨＤの強みを活かす

最近は海外だけでなく日本でもＡＤＨＤをカミングアウトする有名人が出てきました。不注意や多動／衝動性など弱みの部分に注目が集まりやすいため、ＡＤＨＤがあることに対して世間ではどうしてもネガティブなイメージを持たれやすいです。しかし才能が豊かだったり、個性を活かして活躍しているＡＤＨＤの当事者の方がポジティブなメッセージをメディアで伝えていくことで、ＡＤＨＤの人の強みを多くの人に知っていただけるのは大変良いことだと思います。

ＡＤＨＤの特徴があると日常や仕事で不都合なことも起きやすいですが、逆に**その特徴を業務に活かして活躍**している人もいます。「脳が多動」な部分を上手く活かせば、独自な視点や豊かな発想につなげられるでしょう。「衝動性」も適切な方向性で発揮すれば、思い立ったらすぐ行動し試行錯誤することで、よりよい成果にたどり着きやすくなり、お客様や上司から評価される可能性が高くなります。また好きな分野、得意分野では、集中力を保ちやすかったりミスも少なくなるのがＡＤＨＤの特徴です。つまり**自分の興味と一致する分野では弱みも見え**

づらく強みを活かしやすくなります。

ＡＤＨＤの特性に合う仕事を挙げると、以下のように非常に魅力的な仕事が多く、かつ可能性が広いことがわかります。

- **自分の興味を発信できる仕事**：編集、記者、ディレクター、カメラマン など
- **もの作りに関わる仕事**：料理人、整備工、プログラマー、アニメーター、デザイナー など
- **専門分野に特化できる仕事**：研究者、学者、塾講師、教員 など

気を付けたいのは、**実際の業務では顧客や上司の要望に沿う必要がある**ことです。こだわりをもつＡＤＨＤの当事者は多く、自分の考えをただ形にするだけではなく、お客様の意向を汲んで動くことにストレスを感じてしまう人もいます。仕事をする上で自分と相手がともに納得できるポイントを常に探すようにするとよいでしょう。

ＡＤＨＤの人の仕事での弱みへの対処法

①弱みが見えにくい業務・環境を探す

ＡＤＨＤの人の就職支援では、①ご本人の興味・関心や集中力が保ちやすく、②ミスや不注意の影響が少なかったり、ある程度許容される職種や業務・仕事現場や企業風土の求人を探す

ことがまず重要です。ASD（自閉症スペクトラム・アスペルガー症候群）の人はルールやマニュアルを徹底すればミスや抜け漏れを減らしやすいですが、ADHDの人は効果が出にくい傾向があります。つまりASDの人にはある程度定型化した支援が可能ですが、ADHDの人には**セミオーダーメイドのような形で支援する**必要が出てきます。

またADHDのあるなしにかかわらず、ミスは誰にでもあるものです。ミスを認めてくれる職場はほとんどないですが、1人の担当者単位ではミスが出ることもあるという前提で作業工程が設計されている（フェールセーフの概念がある）職場は、製造業などを中心に数多くあります。例えば1つの作業を必ずペアで行うようにしたり、1人で作業していても同じ作業を行っている人と成果物を確認し合う（ダブルチェック）ようオペレーションに組み込まれている、などです。支援者としても、そのような現場から発達障害の人に限らず、**どんな人にとっても働きやすい雇用の仕方**を模索するヒントをいただくことも多いです。

②弱みの現状分析で具体的な対策を立てる

セミオーダーの支援を行うためには、まずは**現状分析が必要**です。ご本人が自分がどのような時にミスを起こしやすいか・集中力が切れやすいか・気分のアップダウンが起きやすいかを理解することが大切です。例えば業務に集中できず眠気が出てしまうといっても、午前中がつらく午後になると調子が出てくる人もいれば、昼食後の午後一番の眠気が我慢できない人もいます。自分に直接関係ないことが話されている会議中などに眠くなる人もいます。このような**具体的な傾向がわかれば対策も立てやすくなります**し、弱みが出づらい環境はどんなところか検討しやすくなります。自分だけでは分析が難しいという人は、支援機関で職業訓練やカウンセリングを受けながら探っていくのがおすすめです。

③自分でできる弱みへの対処法

実はＡＤＨＤの人の弱みへの対処方法は、コミュニケーションがずれることの多いＡＳＤ（自閉症スペクトラム・アスペルガー症候群）の方の対応と重なる部分があります。

■アドバイス1　頭の中が多動な方へ

「頭の中が多動」になりやすい人は、今日1日にどんなことを行う必要があるか、メモやスケジュール帳に**箇条書きで書き出してみる**ことをおすすめします。頭の中だけで管理しようとすると、どうしても理解があやふやになりやすいです。書き出すこと、そして書いたものを読み直すことで**これから行うべ**

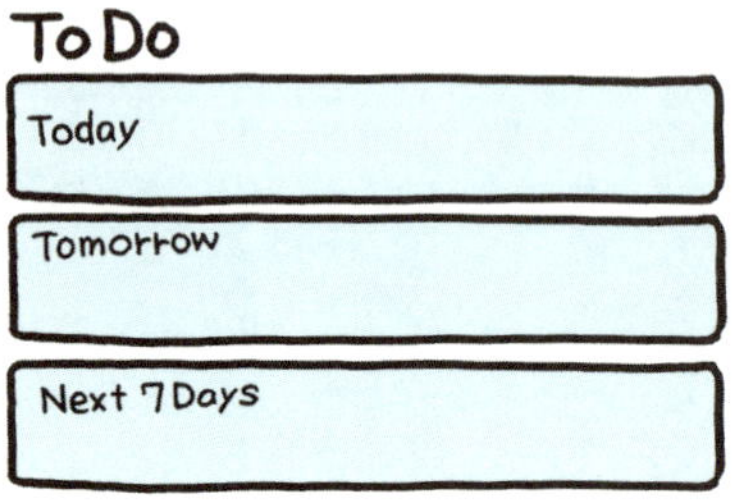

きタスクがクリアになります。また複数の作業を行う時は、自分で書いたリストを見て、どの作業から行えばよいか優先順位を付けます。つい簡単なものや苦にならない作業に手を付けたくなりますが、締切が早いものや重要度の高い仕事を先に行わないと、後で作業時間が十分に取れずに困ってしまう可能性があります。

タスクリストは書きっぱなしにせず、**作業の途中でも定期的に確認すると効果的です**。集中しすぎたり気が散ってしまうと、初めに書いたリストが頭の中にキープしておけず、すっかり抜け落ちてしまう人もいるでしょう。2時間ごとなど、ちょうど小休憩を挟むようなタイミングでどこまで作業が進んだか進捗《しんちょく》を確認する習慣をつけてください。その時に改めて何を行えばよいかタスクを再確認し、残りの時間で何をどこまで進められるか、作業の計画をし直すとより効率的に作業することができます。

集中がコントロールしづらい人にとって、**作業時間を区切って小休憩を入れる**ことは重要です。頭の中を一旦リセットして、次の1時間はこれをする、など短く時間を区切って作業に取り組むと進めやすくなります。たくさんのことや難しいことを考えて頭がオーバーフロー状態になり眠くなってしまう人は、カフェイン入りの飲料を飲んだり、主治医に相談してカフェイン入りのお薬を処方してもらうことも効果があるようです。

■アドバイス2　衝動的・突発的な方へ

衝動的・突発的に気分や考えが変わったり行動しやすい人は、段階的に行動が変えられるように**スモールステップで取り組みましょう**。

例えば人が話している途中でも自分が言いたいことが思い浮かぶと話し始めてしまう人は、まずは人の話にかぶせて話してしまったことに自分で気づけるようになることから始めます。そもそも人の話を遮《さえぎ》って話している、相手の話を聞こうとせず失礼なことをしているという認識も持っていないことの方が多いからです。自分だけで気づくのが難しい場合は、お願いできそうであれば「こういうことをしていたら言ってほしい」と周囲の人に頼んで教えてもらってください。

自分の行動に自分で気づけるようになったら、次は**話している途中で自分で気づける**ようになることを目指してください。途中で気づけるようになったら、話が止められなくても途中でトーンダウンすることに挑戦しましょう。途中でトーンダウンできるようになったら、話を途中でやめて「すみません、どうぞ」と相手に先に話してもらうよう促せるようになるのが最終目標です。突発的な発言を完全になくすことを目指すのは難易度が高く、プレッシャーになってしまいがちなので、**今後ずっとこの特性と付き合っていくという前提**で目標設定することをおすすめします。

つい行ってしまいやすいクセを修正するのは、**発達障害の特性がない人でも難しいこと**です。特性があればなおさら大変だと思いますので、信頼できる身近な方の理解や協力を得ながら、くじけず継続して取り組むことが大切です。

■アドバイス3　ミス・抜け漏れの多い方へ

ミスや抜け漏れが多い人は、作業の指示を受けてから完了させるまでの**どこで間違ってしまうのかを特定する**ところから始めます。口頭で指示を受けると聞き逃しや捉え間違いをしやすい人は、記憶力を過信せずに必ず指示内容をメモに取ってください。メモを取ったあと、メモに取ったことを復唱して、指示した人に自分の理解に間違いがないか確認してもらえば、更に確実です。

メールやマニュアルなど、文書での指示でも読み飛ばしや捉え間違いが多い人にも、理解した内容を確認してもらうのは有効です。

指示を聞いた時にはわかっていたのに途中で忘れてしまいがちな人は、やはり指示を受ける時にメモを取り、作業をする時にそのメモを見ながら進めましょう。メモを取るのが苦手で、後から読むと何を書いたのか自分でもわからなくなってしまう人もいますが、指示を受けてすぐの、まだ記憶が新しいうちに自分でメモした内容をまとめ直すとよいでしょう。自分用のマニュアルをつくるようなイメージです。

例えばメモの左側を指示を受けた時に走り書きをする欄、右側を後で席に戻ってから丁寧に書き直す欄と分けて使っている人もいます。まとめながらわからないことが出てきたら、チェックしておいて後で質問し直しましょう。

作業内容は正しく理解していても、ついケアレスミスをしてしまう人は、ミスをしないように意識するといっても限界がありますので、作業ごとに対策をして、実際に行動を変えていけるよう工夫してみてください。

例えばモニター上のたくさんの文字列が並ぶデータの中で必要な部分に注意を向けるのが苦手で、読み間違えや見落としが頻繁にあるような場合は、指差しをしながら読んだり、印刷して紙に定規を当てながら1行ずつ確実に進めるなど、作業の仕方や使う道具を変えることでも改善することがあります。

全ての人に有効なのは、作業が完了したら自分でミスがないか見直しをする（セルフチェック）ことです。 また早めに作業を完了させて、指示を受けた人に確認してもらい、もしミスがあっても余裕をもって修正ができるくらいの作業ペースで進めることも大切です。

以下、ＡＤＨＤの就労に関してよくある質問と答えです。参考にされてください。

Q

自分に合う仕事を見つけたい

どうしたら自分に合う仕事に出会えますか？

A

まず自分を知ること、そうすれば適職や合った業界が見えやすくなると当社では考えています。しっかりと自分を分析し、広い業界・職種の視野を持つメンター・支援者を持つことが重要になってきます。大人のADHDについては、**ご本人の興味関心や集中度が保ちやすい職種・仕事の現場を選ぶこと**が重要です。一方で、業務はいろいろと多彩にできるよりも、一つをしっかり深める必要があります。

発想が豊かともいえますが、気移りがしやすいのがADHDの特性のマイナス面でもあります。一つにしっかりと落ち着けるかがまず重要なように思います。ただし、やや矛盾しますが、何をするか決めても、今の世界はどんどん中身が変わってきます。例えばプログラマーといっても20年前のプログラマーと今のプログラマーは覚える知識や必要とされるスキルが違うでしょうし、実は数年前と比べても変わってしまうのが今の職場の怖いところです。

このため、先に挙げた3つの特徴**「自分の興味を発信」**・**「モノ作りに関わる」**・**「専門分野に特化」**を軸に考えるとともに、この分野のプログラミングだけがしたいなどと極端に狭めず、プログラミング全般など広めに興味関心を持つことがよいでしょう。そして、ＡＤＨＤの場合に限りませんが、**新しい学びを絶えず行う**ということを意識していただきたいと思います。

Q

障害者枠と一般枠

就職するなら障害者枠のほうが良いのでしょうか？

A

ＡＤＨＤの人が最も訴えるのはミスの多さ、抜け漏れの多さであるため、ミスや不注意が許容される文化や業務内容を考える必要があります。この時、何か特定の分野だと注意力がＵＰする人もいますが、実はそれだけを考えればよいわけではなく、作業の手順や、一緒に働く人のタイプ、職場の雰囲気などの**フィット感も非常に重要になる**場合が多いです。

こうしたことが上手に乗り越えられるなら一般枠でもよいと思いますし、周囲に上手に合わせてもらうこと、つまり配慮を多めに要求するなら障害者枠が良いのではないかと思います。あくまで一般論ですので、個別具体的には周囲の人や支援機関などにご相談されることをおすすめします。

Q ADHDはフリーに向いているか？

ADHDに起業やフリーランスは向きますか？

A

たしかに起業家やフリーランスで働く人の中にADHD的な気質を持った方は多いと思われます。そもそも起業やフリーランスは、安定を好むことの多い〝人間〟という生き物からすると飛び込みにくい領域であり、無謀なことができてしまえる良い意味での衝動性や思い込みが必要だと思うからです。

しかしADHDだからみんながみんな起業に向くというわけではないと思います。つまり、「起業・フリーランス→ADHDが多い」は成り立っても、「ADHD→起業・フリーランスに向く」という関係性ではない、つまり必要十分ではないということだと思います。

ミスの多さや苦手なものへの集中力の弱さ、計画やその修正、つまり段取りの苦手さなど、ADHDの特徴は、一人で何でもすることの必要な起業・フリーランスには向かないのは残念ながら否定しがたいところです。起業・フリーランスで成功している人はご自身のADHD的な特徴を補う誰かがいたり、苦手さが目立たない業種を選んでいることが多いのだと思います。

発達障害の方にとって起業・フリーランスについて絶対反対というつもりはありませんが、

周囲の人を上手に巻き込み、自分の苦手を補ってもらうことが肝要になると思います。

Q

職場の理解がない場合

大人になってからADHDと診断されました。仕事でケアレスミスやうっかり忘れることが多く、また日頃から疲れやすいため、職場ではだらしないと思われているようです。ミスをするのはADHDが原因であることを職場の人に伝えたのですが、理解してもらえません……。

A

とてもとても難しい問題です。ADHDのことを理解すること（何が努力不足で、何が特性なのか）は、いわゆる支援者、専門家でも難しいこと。それを職場の人に理解してもらうのはなかなかのハードルです。かつ理解してもらったとしても、許してもらえるか、納得してもらえるかはまた別になりそうだということです。

所詮人は感情で動く生き物で、知識でわかったとしても、その人を職場で受け入れられるかというとそうでもないからです。

ですので、基本的に職場でカミングアウトするのは今の世の中ではそれほどおすすめしていません。仕事や人間関係がうまく行っているうちに知ってもらうのは良いかもしれませんが、評価が下がってからでは、解雇や契約解除に追い込む口実を与えてしまうようなケースも見たことがあるからです。

まずは**①ご自身の特性を理解すること、そして②ご自身が出来る範囲で手を打っていくこと、③その姿を周囲に見てもらうこと、**その3段階で周囲の理解ができる限り進めばと思います。

ADHDとカミングアウトして、その基本の対策を文章なり本なりで説明しても、わかってもらえず、むしろ逆効果になることが多いことは、ご理解いただければと思います。

ASD（自閉症スペクトラム・アスペルガー症候群）に向いている仕事

◎ASDとは？

発達障害の1つである自閉症スペクトラム（ASD）は先天的な脳機能障害であり、いわゆる自閉症やアスペルガー症候群（AS）もこのカテゴリの中に含まれます。ここでは大人の自閉症スペクトラムの特徴、得意な仕事や仕事での困り感とその対処法についてお話しします。

ASDは〝Autism Spectrum Disorder（Disability）〟の略で、日本語では自閉症スペクトラムと訳します。以前の診断基準では広汎性発達障害と呼ばれており、さらに自閉症、アスペルガー症候群（AS）、特定不能の広汎性発達障害（PDD-NOS）など細かなカテゴリー分けがありました。現在ではそれらを全てまとめて自閉症スペクトラムと呼んでいます。

ASDの人は、学校や職場など社会の様々な場面で、**人とのコミュニケーションや関わりに難しさが生じる**ことが多くあります。また興味や関心が狭い範囲に限られやすく、独特のこだわり行動や振る舞いが見られることもあります。他にも五感などの感覚が人よりとても敏感に感じたり、逆にほとんど感じない分野がある人もいます。

このような特性は人によってどの特徴が強く出るか、またどの程度の強さなのかもまちまちです。全く同じタイプの人は二人といないと言ってもよいでしょう。基本的に生涯これらの特徴を持ち続けますが、大人になり、求められる行動基準が高くなってから初めて、困難さが明らかになることもあります。

◎「3つ組の障害」とは？

1979年にイギリスの児童精神科医ローナ・ウィングは、アスペルガー症候群を含む自閉症の人が持つ特徴として「ウィングの3つ組」を提唱しました。自閉症スペクトラムを理解する上でこの3つ組の障害という視点から考えるのがわかりやすいのでご紹介しておきます。

1. **社会性の質の違い**：周囲の人とかかわる時に適切にふるまうことができず、相手と関係を築いたり、築いた関係を維持していくことが難しい。
2. **コミュニケーションの質の違い**：相手が言っていることや感じていることを理解したり気づくのが難しい。また自分が言いたいことや感じていることを相手にわかりやすく伝えたり表現するのが難しい。
3. **想像力の質の違い**：自分が見たり予想していた以外

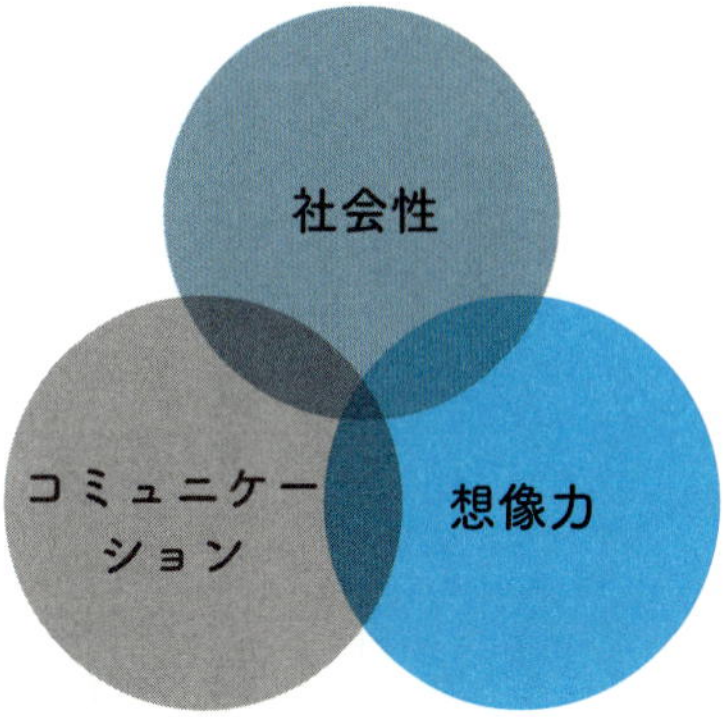

の出来事や成り行きを想像したり納得することが難しい。自分の興味のあることや心地よいパターンの行動に強いこだわりがあり、想定外の行動を取ることに抵抗を示す。

◎大人のＡＳＤ　特徴１：グループでの業務・活動が苦手

自閉症スペクトラムのお子さんには幼稚園・保育園や学校などの集団生活になじめない人が少なくありません。授業や行事で一斉に同じ行動をしたり、クラスの中で他のお子さんと適切な距離感を取りながら付き合うのが苦手な人が多いです。大人になっても職場や町内会・親戚付き合いなど様々な場面で集団活動に参加する必要があります。しかも子どもの頃よりも与えられた役割を果たすことを求められるようになり、「パス」したくてもできないことが多くなります。

仕事の場面で言えば、自閉症スペクトラムの人は一人で黙々と作業をするのは得意な傾向にありますが、**チームで業務を行うのが苦手**な人が多くいます。チーム内で孤立してしまったり、周囲と足並みを揃えずに自分が良いと思ったことを独断で行い、他のメンバーを混乱させてしまうことがあります。よく**「空気が読めない」**と表現されますが、本人にはチームがどんな目標のためにどうやって動いているかを理解したり、それを踏まえて自分はどう動けばよいかを理解するのが難しいのです。結果として周囲からは非協力的な態度だと受け取られてしまいやすくなります。

◎大人のASD　特徴2：やり取りがうまくかみ合わない

自閉症スペクトラムの人の中には、子どもの頃に言葉の発達に遅れがあると指摘を受けていた人も多くいます。その後成長して日常生活の読み書きや会話は十分できるようになった人でも、独特の言葉の使い方をすることがあります。少し表現が不自然な程度であればやり取りしていても大きな問題にはなりません。しかし言われたことを独自に解釈して理解のズレが生じたり、わかりにくい表現をして相手にうまく伝わらないことも少なくありません。

仕事の上では業務の指示を誤って理解したり、報告や相談をする時に話がわかりづらく支障が出ることがあります。また職場では状況が色々と変化する中で、その場で言われたことを理解し適切に返答するといった**動的なコミュニケーションが求められる**ようになります。そのようなスピード感のあるやり取りだと理解が追いつかなかったり、言いたいことをぱっとまとめて伝えられないという人も少なくありません。学校では急な変化が少なく自分のペースで落ち着いてやり取りできる静的なコミュニケーションが多いため、学校生活では問題が目立たない人もいます。しかしそのような人でも**就職してから困り感が急に大きくなる**ことがあります。

言葉の使い方以外にも、会話をする中で相手がどんな気持ちでいるか、表情などの様子から読み取ったり、読み取った相手の気持ちを踏まえて伝え方を修正することが苦手です。そのため例えば怒っている相手に火に油を注ぐようなことを気にせず伝えてしまう、といったことが起こりがちです。他にも会話を円滑に進めるために笑顔で応えたり、共感の気持ちを態度で示すことがうまくできず、会話をしていても何となくぎくしゃくした雰囲気になってしまうこともよくあります。

◎大人のASD　特徴3：自己流で物事を進めたがる

自閉症スペクトラムのあるお子さんは**特定の物事を手順通りに行うことに強くこだわる**ことがあります。例えばいつもの道順でなく別の道から行こうとすると拒否したりします。自分の知らない別の方法ではどんな結果になるか想像ができず、恐れや抵抗を強く感じてしまうためです。子どもであればパニックになるほど混乱することもありますが、成長するにつれてそのような場面は減っていきます。しかし大人になってもやはり自分が納得した方法で物事を進められない時には困惑してしまうことがあります。

仕事であれば、マニュアルや指示の通りに作業をするよう言われていても、自分が気になってしまうと作業を先に進めることができなかったりします。中には指示されていないことも気になってしまい、作業してしまう場合もあります。このため作業の効率が落ちたり作業が完了できなくなることもあり、職場での評価が下がってしまうことも残念ながら少なくありません。

◎自閉症・アスペルガー症候群から自閉症スペクトラムへ

もともと発達障害の歴史は1940年代のアメリカの精神科医レオ・カナーによる知的障害をともなう自閉症（カナータイプ）の研究から始まりました。そのため1970年代までは自閉症というと知的障害があるという認識が一般的でした。

その後1979年に、先ほど「3つ組の障害」のところで取り上げたローナ・ウィングが、1940年代にオーストリアの小児科医ハンス・アスペルガーが行っていた知的な遅れのない自閉症の研究について改めて取り上げました。ウイングがアスペルガーの研究にちなんで知的障害をともなわない自閉症のことをアスペルガー症候群と名づけたことで、その存在が世界中に知られるようになりました。

その後2013年にDSM-5というアメリカ精神医学会の診断基準の改訂がありました。その際に古典的な自閉症やアスペルガー症候群、また特定不能の広汎性発達障害（全ての特徴はそろっていないが自閉症・アスペルガー症候群のいくつかの特徴を持っている）などを自閉症スペクトラムに統合することになりました。虹の色が連続して変わるように、**特性の出方が人によって強く出たり弱く出たりしているという、自閉症の新たな捉え方**を打ち出しました。

ＡＳＤの人が得意な仕事・職業

自閉症スペクトラムの特徴があると日常や仕事で不都合なことも起きやすいですが、その特徴のおかげで逆に業務の上で長所として発揮できることも少なくありません。**「社会性の弱さ」**のために周囲の視線や暗黙の了解にとらわれることなく、いい意味で周りを気にせずに自分の仕事に打ち込める人もいるでしょう。「こだわり」が業務で求められている方針と一致すれば、きっちりとルールを守り、継続して同じ作業を続けられることを評価してもらえる職場も多いはずです。

また自閉症スペクトラムのある人は多くの人が見逃しがちな細かい部分に気づいたり、ほかの人が面倒に思いがちな工程も抜け漏れなく行う特徴を持っている人が多く、**正確さを求められる業務では重宝される**はずです。他にも自閉症スペクトラムの人には嘘がつけず裏表のない実直な方が多く、まじめに仕事に取り組む姿勢はどんな業務でもプラスに評価されるのではと思います。

自閉症スペクトラム・アスペルガー症候群の人がはまり役になる可能性の高い職種は以下のようなものとなります。

- **ルールやマニュアルがしっかりしている**：経理・財務、法務・情報管理、コールセンターなど

- **専門分野の知識を活かせる**：プログラマー・テスター、テクニカルサポート、電化製品等販売員など
- **視覚情報の強さが活かせる**：CAD（コンピューターによる設計支援）オペレーターなど

ASDの人の仕事での弱みへの対処法

①弱みが見えにくい業務・環境

自閉症スペクトラムの人の弱みが目立ちにくい環境の条件としては、**①業務の指示が明確で、②決まった対応をコツコツと進められ、③報告・連絡・相談をしやすいこと**などが挙げられます。

仕事では指示を受けた業務に取り組み、最終的に求められている成果物を仕上げる必要があります。しかし自閉症スペクトラムの人はコミュニケーションの苦手さや独特のこだわりから、業務の進め方や成果物が上司がこうしてほしいと考えているものとズレが生じてしまうことが少なくありません。

このようなズレを減らすためには、①指示の内容や業務の段取り・締切などをわかりやすく伝え、②臨機応変にその場で対応を変化させる必要が少ない業務を割りふり、③相談先を明確に決めて普段からこまめに連絡を取り合い、業務のズレが生じていないか確認するような職場

環境であることが望ましいです。

ＡＤＨＤの人への支援がセミオーダーメイドのように個別に対応を考える必要があるのとは対照的に、自閉症スペクトラムの人への支援は上記のような**環境を整えれば、ある程度定型的に支援できる**という特徴があります。

②自分でできる弱みへの対処法

実は自閉症スペクトラムの人の弱みへの対処方法は、ミスや抜け漏れが多いＡＤＨＤ（注意欠如多動性障害）の方の対応と重なる部分があります。

■アドバイス１　職場での適切なふるまいが苦手な方へ

まず全ての基本として押さえていただきたいのは、職場は働く場であり、社員は組織の一員として業務で成果を出すことが求められているということです。つまり**しっかり働いて仕事で貢献できていれば基本はＯＫ**です。仕事をきちんと行っていれば、上司や同僚はその仕事ぶりを見てあなたに対して信頼感を持つはずです。仕事で信頼できる人に対しては、普段の振る舞いが少々規格外でも好意的に捉えてもらいやすいでしょう。とにかく**仕事でしっかり成果を出すことが何よりも大切なこと**です。

また職場では効率的に業務を行うためにチームをつくり、チームのメンバーを管理するリーダーを設けています。基本的にはチーム全体を見通すことのできるリーダーの指示や考えに従ってメンバーは業務を進める必要があります。他にも、自分よりも経験が豊富な先輩社員からはたくさん学ぶべきことがあるはずです。新しい業務を覚えてチーム全体の業務の流れが見えるようになるまでは、まずは**リーダーや先輩から聞いたことを確実に実行する**というスタンスでいれば間違いありません。また仕事に必要な内容であれば、リーダーや先輩から受けたアドバイスを素直に受け取り、行動を変えることにも是非チャレンジしてみてください。

■アドバイス2　相手の話を理解したり言いたいことを伝えるのが苦手な方へ

職場で頻繁に行われる動的なコミュニケーションは、テキストや講義で勉強して学べるようなものではありません。スポーツの練習のように、実際に「指示を受ける」「理解する」「実行する」ことを実践する中で体感的に習得していく必要があります。職業訓練など実際のオフィスに近い環境の中でシミュレーションを繰り返し、**コミュニケーションの「型」を覚える**ことをお勧めします。

コミュニケーションというと、言いたいことをうまく人に伝えられないという「発信」に困り感を持っている人が多いと思いますが、実は**コミュニケーションの肝は「受信」**にあります。うまく言いたいことがまとまらなかったり、わかりやすく伝えられないということは、そもそもやり取りの中で、相手が伝えたいことを理解できていないことに原因があることが多いのです。

業務の指示など必要な情報を確実に受け取るために大切なのが、**メモと復唱**です。自閉症スペクトラムの人には聴覚情報が弱く、視覚情報に強い人が多いので、話を聞く時にはペンとメモ帳を準備して記憶が薄れる前に聞いた内容を書き留めておきます。また話を聞き終わったら、メモに書いてあることを読み上げて相手に確認してもらいます。もし聞き漏らしや理解のズレがあっても相手から指摘してもらえますので、**情報の受け渡しが確実**になります。復唱する前に「伺った内容を確認していただいてもよろしいでしょうか？」と一言お伝えするとよいでしょう。

職場で自分から発信する場面としては、業務が完了した時に行う報告、業務の途中で進捗状況を共有する連絡、業務がうまく進まないなど困ったときに行う相談、業務の進め方を確認する質問などがあります。自分が伝える必要がある内容はわかっているのに、うまく話をまとめられない時には、**ここでもメモが大切**になります。相手に話に行く前に話したい内容を箇条書きなどで書き出して、何をどのような順番で伝えればよいか整理します。相手に理解してもらうための情報が不足していたり、細かい話を盛り込み過ぎて要点がわかりづらくなっていないかセルフチェックしましょう。メモを見ながら話せば、どのように話を進めていけばよいか確認できるので安心です。

■アドバイス3　仕事が自分独特の進め方になりやすい人へ

職場では様々な業務のオペレーションが決まっており、入社すると上司や先輩社員から作業手順を教わります。まず教わった流れ通りに作業することを職場では求められますが、自閉症スペクトラムの人の中にはつい別の方法で行ってしまったり、教わった方法では納得いかずモヤモヤするという人もいます。しかし決まったオペレーション以外の方法で作業するのは一般的に避けたほうがよいです。

今あるオペレーションは、これまでの担当者が実務で学んできたことを踏まえて、必要なことを効率的に進められるように決めているはずです。別の方法はまだうまく進められるか検証できておらず不確かで、作業効率が落ちたりミスが出やすくなる可能性があります。また仕事ではチームを組み、上司がチームの業務全体に責任を持って様々なタイミングで意思決定を行い業務に当たります。つまりメンバーの業務の進め方についても上司が責任を持っているので、メンバーが**自己判断で作業手順を変えることはできない**と考えてください。

もしご自身の特性上、これまでのやり方ではうまく作業ができないということであれば、上司に相談してみましょう。自分でどうしてその作業手順だとうまくできないのかわかっていれば、合わせて伝えましょう。「これは無理です、できません」といったネガティブな姿勢よりは、**「できるようになりたいが、どうしたらよいかわからないので良い方法を探したい」**といったポジティブな姿勢で相談することをお勧めします。

以下、ASDの就労に関してよくある質問と答えです。参考にされてください。

Q ASDは職人に向いている？

職人的なもの、伝統工芸、農作業などが特性に合いそうです。このような仕事への就職活動はどうすればよいですか？

A 確かに発達障害の方で職人的なものに出会えれば強さを発揮できる方は多いです。職人になるには**手先が器用であること、その分野が本当に好きであること、**の2つの条件が必要だと思われます。これらが当てはまれば挑戦することも可能でしょう。ただし残念ながら21世紀の日本では、職人的な部分だけでは足りません。職人は自営業の方が多いため、自分で経理をしたりマーケティングをしたりと、経営につきものの**マルチな仕事をこなす力が必要**です。またこういった職人系の分野は、コツコツした部分が上手に言語化・体系化されておらず、マニュアルがありません。発達障害の方が苦手な阿吽の呼吸、見て学べ、的な部分が多いところだと思っています。つまり〝職人系〟と言っても**同時並行に動く部分が多く、かつ目に見えないルールが多い職場**でもあります。このため現実的には職人系はもろ手を挙げておすすめできる分野ではありません。伝統工芸は人材不足の業界であり、行政で様々なサポートをしている部分です。まず担当の行政にお問い合わせをされるとよいと思います。

Q ASDは公務員に向いている？ 定型業務が良いなら公務員はどうでしょうか？

A 公務員の仕事は定型と思われている方が多いようですが、最近は定型部分はすでに業者に委託しており、職員が行っているのは企画・調整など多くの発達障害の方に苦手な業務となっています。公務員試験は〝受験〟があります。このため大学受験の延長線上のように感じやすいためか、公務員試験を受ける方は非常に多いのですが、苦手な分野がある程度できたり、専門職での受験をしたりと、作戦をかなり練らないと難しいと思います。

公務員の障害者枠ならどうか、というご質問もよく受けます。公務員ではフルタイムの障害者採用は身体障害者がほとんど。知的障害者や発達障害者向けの「チャレンジ雇用」という3年限定の雇用枠は各地にありますが、フルタイム（正職員）にはさせてもらえないものばかりのようです。つまり**障害者枠に限っては民間企業のほうが**（**任せる職種の多様さや給与の高さでは**）**進んでいる**と思いますし、**安定も民間企業のほうがしやすい**と思います。

給与の高い仕事に就きたい

Q 発達障害に良いといわれるコツコツ系・ルーティン系の仕事だとお給料が低いようです。それなりの給与がもらえる仕事はありますか?

A

「定型業務」への適性は確かにあるので、**繰り返し、コツコツとする仕事は向いています。**

また人と接する場面の多い上流工程（お客様の要望や自分の会社の状況を考えながら可能なサービスや商品を考え調整する部分）ではなく、「下流工程」（変化が少なく、ルーティンを定められた通りに行う部分）の仕事は確かに向いているでしょう。ただし「定型業務」・「下流工程」はたしかに多くの人ができる可能性があり、給与が低めに抑えられがちです。

アスペルガー症候群・自閉症スペクトラムの特徴を活かしながら、しっかりと暮らせるだけの仕事は例えば以下のような方法で見つけ出すとよいでしょう。

- 経理・財務、法務・情報管理、コールセンター、テクニカルサポートなど、ルールやマニュアルがしっかりしている職種
- プログラマー・テスター、ネットワークエンジニア、電化製品等の販売員、塾での問題作成など、数字・論理や豊富な知識で対応できる（人の気分に左右されにくい）職種
- CADオペレーター、工業系デザイナー、設計士など、視覚情報が重要である職種

ルールやマニュアルなど決められたものがあれば、その通りにできることが自閉症スペクトラム・アスペルガー症候群の人の強みの一つです。経理、財務、法務はもちろん、最近重要性が増す個人情報の管理などは向いているでしょう。またしっかりとマニュアルがあればコールセンターやテクニカルサポートなど、対人の業務も問題なくこなしている人もいます。また、知識や論理などが重要である一方で、ある程度すべきことが予想されるような仕事もアスペルガー・自閉症スペクトラムの人には向いているでしょう。

プログラマーやネットワークエンジニアなどのいわゆるＩＴの中での下流工程の仕事に加えて、知識が豊富なほど営業トークが高まる電化製品の販売など、モノの販売業にも適性を感じる人が多いと思われます。

アパレルやウェブなど感覚が求められやすいデザイナーではなく、工業製品などのデザインやＣＡＤといった、機能を求められる部分で、かつ画像や映像など視覚情報のこだわりが生かせるデザインの分野も、一般的にＡＳＤの特性の強い人にはフィットする職種といえます。ほかにも放射線技師など資格が必要な仕事も、自閉症スペクトラム・アスペルガー症候群の人には合う可能性が高い仕事といえます。

Q

苦手な仕事もすべき？

コミュニケーション力を鍛えるために、わざと苦手な仕事をすべきですか？

A

実はそのような真面目な方が多いのですが、大学生のアルバイトの時には重要な考え方かもしれませんが、フルタイムで働くとなるとおすすめしづらくなります。

ご家庭が裕福だったり、ご自身にしっかりとした資格などある場合は1、2年合っていない道で〝修業〟するのもありかもしれませんが、どのような仕事でもコミュニケーション能力、対人交渉能力は必要とされ、決して接客や雑務の仕事をすればその能力が身につくわけではないと思います。

数字で説明すると、接客で行うコミュニケーション能力が10としたら事務では8ぐらいが身につくかもしれないということです。

周囲の方や支援者の方と相談することが良いかと思います。

LD（学習障害）に向いている仕事

◎LD（学習障害）とは？

発達障害の1つであるLD（学習障害）は先天性であり、学校での勉強に限らず、特定の分野の学びに困難があることを指します。

LDは〝Learning Disorder〟または〝Learning Disability〟の略で、日本語では学習障害と呼ばれています。Disorderは医療の場面で、Didabilityは教育の場面で多く使われているようです。最新の診断基準であるDSM－5では限局性学習障害（SLD－Specific Learning Disorder）に名称が変更されました。「限局性」という言葉が示すように、全体的には理解力などに遅れはないものの、読み書き計算など特定の課題の学習に大きな困難がある状態のことを指します。

大きくは以下の3つに分かれます。

- **読字障害（ディスレクシア）**：文章を正確に読んだり理解することに難しさがある。
- **書字表出障害**：文字や文章を書くことに難しさがある。
- **算数障害**：数を使った概念の理解や計算に難しさがある。

◎学校で目立ちにくい「聞く」「話す」でつまづく人も

学校の勉強はどちらかといえば「読み」「書き」の力を伸ばすことに比重が置かれています。教科書を読んで理解し、ノートに理解したことを書いたり、テストの時には答案を書き提出します。学校での学習で読み書き計算につまづきがあると目立ってわかりやすいため、LDの可能性があるかどうかを教員が探ることもしやすいでしょう。

一方で、学校の学習でももちろん「聞く」「話す」能力も必要になります。例えば授業で先生の話していることを聞いて理解したり、質問されたことを自分で考えてまとめて発言する時などです。ただし現在学校で多く採用されている講義形式だと、聞くことや話すことが苦手でも、後で教科書を読み直したり発言する機会を避けたりすることで、つまづきがあまり表面化せずに学校生活を過ごせてしまうことも少なくないようです。

LDの診断基準の中には特に明記されていませんが、ここでは**聞く力、話す力の弱さ**についてもLDの概念に含めてお話ししていきます。

◎特定の課題の学びづらさ　子どもは勉強で、大人は仕事で

LDのある人は子どもの時には学校の勉強についていけなくなることが最も大きな困り感になりますが、大人になると、働く時に指示理解の難しさやミスの多さによって業務をうまく進

めることができないことが問題になります。また他の作業は問題なくできているのに決まった作業だけ「こんなところでつまづくの?」というところで難しさが出ることから、周囲の上司や同僚からどうしてつまづいてしまうのか理解が得づらく、やる気がないのではと叱責されてしまうこともあります。そのため対人コミュニケーションに不安や恐怖を感じるようになってしまう人も少なくありません。

◎大人になってから初めてLDが見つかることもある

特定の分野での学習の苦手感は、小中高生時代に教師が気づくこともありますが、「ただ単に勉強が苦手」と思われてしまい、本人としては困ってはいたけれど大人になるまで必要な支援を受けることなく過ごしてきたという方も少なくありません。

文部科学省では小中学校の教員が児童生徒の学習でのつまづきや困難に気づいて対応ができるように、2004年に小・中学校におけるLD、ADHD、高機能自閉症の児童生徒への教育支援体制の整備のためのガイドラインの試案を策定しています。これらの効果から以前よりは特別支援教育にアクセスできるLDの児童生徒の割合は増えているのではと思われます。しかし特にこのガイドライン以前に小中学生だった現在30代以上の方の中には残念ながら〝見過ごされてしまった〟方も少なくないようです。

◎LDとASD、ADHDとの併存も多い

LDがある人の中にはASD（自閉症スペクトラム、アスペルガー症候群）やADHD（注意欠如多動性障害）もある人が多いです。そのため、「注意がうまく向け続けられない（ADHD的）」のか「文字をうまく目で追って読めない（LD的）」のかなど、どちらの特徴によってつまづきが生じているのか判別がつきづらいことも少なくありません。**大切なのは診断名にとらわれ過ぎずに、**ご本人の実際の様子をよく見た上で仮説を立て、どんな工夫をすれば改善できるか検討して試してみることです。

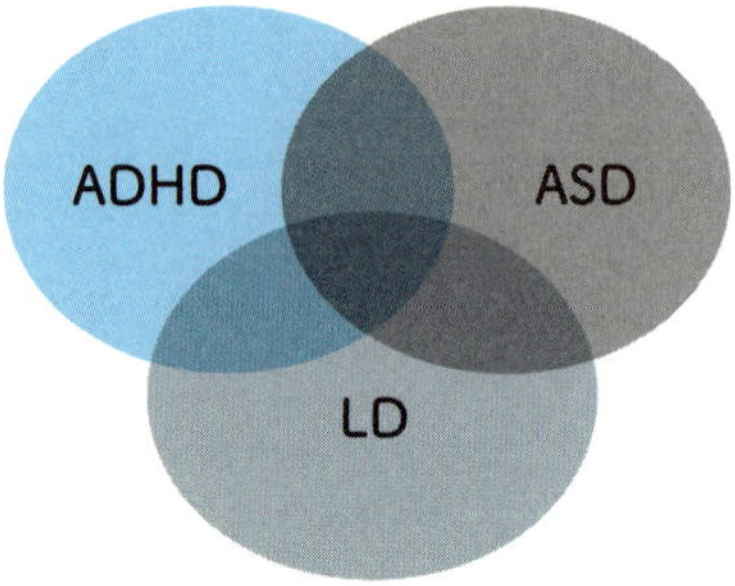

◎大人のLD　特徴1：マニュアルを読んで理解するのが難しい

作業の手順が整っている職場ほどきちんとしたマニュアルが用意されていることが多いですが、理解の助けとなるはずのマニュアルも、文章を読むのが苦手なLDの人は**読むこと自体が大きな負担になりやすい**です。新しい作業を教わる時にマニュアルだけ読んで自分だけで行うということは少ないかもしれませんが、口頭で説明を受ける時や、実際に自分が

行ってみる時の理解の助けとしてマニュアルをスムーズに読めないと、やはり不利になります。マニュアル以外にも、業務文書や連絡事項など読んでおくべきことはたくさんあるため、知っておくべきことなのに知らなかったなど**情報の抜け漏れが起こりやすい**です。

また黙読するのが難しい人の他にも、音読する時にすらすらと読み上げられない人もいます。PCのモニターで文章を読むのが苦手で、紙に印刷したものであれば読みやすくなるなど、デバイスによって読みやすさが変わる人もいます。

◎大人のLD　特徴2：メモが取れない

作業を教わる場合は口頭で聞いた内容を正確に理解して、自分が実際に行う時には言われた通りのことを実行する必要があります。どんな人でも聞いたことを一度で全て覚えるのは難しいため、働く時には指示をメモに取ることが大変重要なのですが、手で文字を書くことが苦手なLDの人は**その場でメモを取るのが難しい**ことが多いです。文字をうまく形を取って書けない人もいれば、ひらがなはOKだが漢字が苦手という人もいます。書くことはできるが書くスピードが遅い場合も、ひとつのことを話すたびにメモを書き終わるまで毎回指示している人を待たせることになり、指示に非常に時間がかかってしまって、教える方も教わる方も負担を感じやすくなります。

メモだけでなく、報告書や日報など、業務で文章を書くシチュエーションは多いです。手書きでなくキーボードでの入力であれば問題なく〝書く〟ことができるLDの人も多いですが、職場で使われているフォーマットが紙のみだったり、デスクワークでなく歩き回って作業をする軽作業的な業務だとパソコンを使ってメモをすることは難しくなってしまいます。

◎大人のLD　特徴3：言われたことをその場で理解することが難しい

職場では口頭で指示されることが多いですが、その場で言われたことを一度で理解することが難しくて業務を覚えるのに支障が出てしまう人もいます。5つの項目を言われても聞き終わるときには2、3個はもう頭の中から抜け落ちてしまうようなケースや、言われたことを覚えていてもかみ砕いて理解するのにしばらく時間がかかり、「わかりました」と返事ができるようになるまでに通常よりも何テンポも遅く、スムーズにやり取りが行うことができずに本人も周囲も困り感を感じるケースもあります。

人によって「音を言葉として聞き取るのが難しい」「聞き取った言葉の意味を理解するのに時間がかかる」「理解したことをしばらく頭の中にとどめておくことが難しく抜け漏れが出る」など**つまづく部分はそれぞれ異なる**ようです。

◎大人のLD　特徴4：聞かれたことをその場で伝えることが難しい

口頭で質問をされた時、質問された内容もわかるし、何を答えればいいのかも何となくはわかっているつもりなのに、いざ返事をしようとしてもうまく言葉にまとまらないという人もいます。無言になってフリーズしてしまう人もいれば、「〇〇の……〇〇で……」と単語程度なら出てくる人もいますし、ペラペラと話すことはできても必要のないことまで話してしまい、伝えたいポイントが相手にわかりにくいという人もいます。どちらの場合も口頭でスムーズに必要なやり取りがしづらくなってしまいます。

特に接客や電話対応など、臨機応変に状況に合わせてその場で伝える必要がある場合には、難易度がアップします。定型的なやり取りであれば問題ないという人でも、これまでの経験からどうしてもお客様対応や外線電話に出ることに苦手感が強い人もいらっしゃいます。

◎大人のLD　特徴5：数字を使った業務や業務管理が苦手

どんな業務にも数字や簡単な計算はどうしても含まれてきます。例えば文字のデータ入力は問題なくできていても、単純な数字の入力でも数に関係すると途端にミスが増える人もいます。

また書かれた数字を扱わない業務でも、**数の概念の苦手さから**、納期までに完成させるためにどのくらいの作業スピードで行う必要があるかが見積もれない人もいます。今13時で、15時までに業務を終わらせたいのであれば残りは何時間あるか見積もるには引き算が必要ですし、10個仕上げるためには何分で1個完了させればいいか見積もるにも、掛け算や割り算が必要になるためです。

◎大人のLDの仕事選び　弱みが目立ちにくい環境を選ぼう

子どもは学校で決められたカリキュラムをまんべんなく学ぶことが求められますが、大人が働く場合、企業では様々な業務を役割分担してそれぞれの社員が担当しています。基本的には任された業務をきちんと行うことができればよく、なんでも他の人と同じようにできるオールラウンダーになることは必ずしも求められません。そのため、大人のLDの人が働く時には自分の弱みが目立ちづらい担当業務や職場を選ぶことが重要になります。

職種については読字や書字、計算など**自分が苦手とする作業ができるだけ含まれない業務を選ぶ必要があります。**求人票に書かれている業務内容を読むだけでは対応できるかどうか判断が難しいので、できるだけ選考前や選考中に実習を行っている企業の求人を選ぶことをおすすめします。就労したら実際に担当する業務や類似の業務を行ってみて、企業の担当者に実務で通用する質やスピードで作業できているか確認していただくとよいでしょう。

一方でどんな業務でも読み書き計算が必要になる場面はどうしても生じます。その場合は作業しやすくなるように、ご本人だけ通常とは異なる手順で作業を行ったり、補助器具を使用したりといった工夫を行う必要があります。そのため、応募する企業にこのような個人ごとに特別な対応をすることを前向きにとらえていただけるような**社風や職場の雰囲気があるかどうか**も大変重要です。支援機関のスタッフにLDのある人の雇用実績がある企業があるかどうか聞いてみたり、また実習で自分で行っている工夫を業務で行っても大丈夫か、直接質問して確認してみましょう。

LD（学習障害）の人の仕事での弱みへの対処法

①苦手な作業でもどこまでなら自分で対応できるか把握・説明できるように

例えば一言で読字障害と言っても、文字を認識することが難しい人から、苦労はするが工夫すれば読むことができる人まで様々です。「文が複数連《つら》なっていると読めない」「モニター画面だと読めない」など、どの程度苦手なのか、「箇条書きなら読める」「紙に印刷して自分で書き込みながらなら読める」など、**どの程度まで自分が対応できるかを知る**のは大切なことです。業務を行うために自分でどんな工夫ができるか、また職場でどんな配慮をお願いすれば業務に取り組みやすくなるかを考えるのに、このような要因を分析することは必須だからです。職業訓練など実際の業務に近い環境で作業してみると、どんなところでつまづきやすいのか把握しやすいでしょう。

②自分でできる弱みへの対処法

■アドバイス1　読むことに難しさのある方へ

読むことに苦手感のある人の中には、目で文に視線を合わせ、読むために順次文に沿って目線を移動させていくことが難しい人がいます。例えば改行で次の文頭に目線をジャンプさせる時などに、どこから読み始めたらいいかわからなくなることがあるようです。

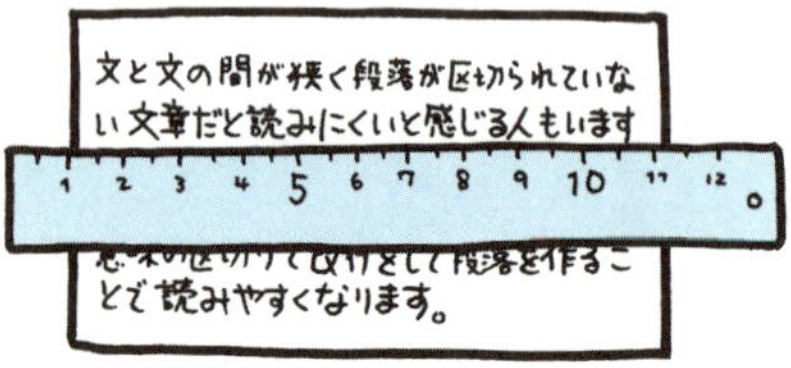
文と文の間が狭く段落が区切られていない文章だと読みにくいと感じる人もいます
1 2 3 4 5 6 7 8 9 10 11 12 0
とで読みやすくなります。

どこを目で追えばいいかわかりやすくするために、PCで閲覧することになっているファイルであれば印刷して自分専用のマニュアルを準備し、読んでいる行に定規を当てたり、自分で読みやすいように書き込みながら読むのが有効なことがあります。

意味の固まりごとに丸で囲んだり、斜線を書き加えたり、下線を引いたり、レ点を入れるなど、人によって区切りを明確に認識しやすくなる書き込み方がそれぞれあるようですので試してみてください。

また一般的な文章であれば問題ない人も、表の中の離れた列を見比べているとどこを見ていたかわからなくなってしまう人や、紙のデータをPCに入力する時に、紙とモニターを行ったり来たりしながら見ていると入力するべき行や列から大きくずれてしまうという人もいます。Ｅｘｃｅｌなどの表計算であれば行や列を固定してスクロールし、データを隣同士に並べて見るようにしたり、紙データをスキャンしてモニターで2画面表示にして、見比べる時の目線の動きを最小限にするなど、自分がわかりやすく作業できるような工夫の仕方を見つけましょう。

■アドバイス2　書くことに難しさのある方へ

手で文字を書くのが難しかったり遅いという人でも、タイピングはOKという人もいます。その場合は業務指示を受ける際にパソコンを使うことも一つの方法です。ただし上司の席まで質問をしに行くのにパソコンを持って歩くのは不自然ですし、立って行う軽作業を教わる時にパソコンは使えません。例えば「ポメラ」などのテキスト入力に特化したデバイスを使えば、立った状態でも職場で違和感なくキーボード入力でメモを取ることができます。

手書きはできるが書くスピードが遅いという場合は、指示を受けている時にはキーワードだけ書き留めるなどその場では書く量を減らし、後で自分ひとりになってから書き足すことも検討してみてください。

例えばマニュアルがあれば業務の指示を受ける時には必ず手元に準備し、すでにマニュアルに書いてあることは特にメモをする必要はありません。マニュアルに書かれていない内容があったら、マニュアルの関連箇所にキーワードをメモした付箋を貼ります。全ての説明が終わったら、記憶が薄れないうちに付箋を貼った部分を改めてメモに書き起こしましょう。

■アドバイス3　聞くことに難しさのある方へ

聞くことに難しさがある人は、指示を受ける時には「メモ」と「確認」をぜひ行ってください。聞き漏らしがある人からは「少しくらいなら頭で覚えておけるだろう」とつい油断してしまうという声をよく聞きます。指示される量も事前には予測できないため、短くて簡単なことでも話を聞いたらメモする習慣をつけておくと安心です。**仕事中は常にメモとペンを自分のすぐ近くにセットしておきましょう。**

また指示を受け終わったら、相手に断った上で、メモに書いた指示された内容を読み上げて、聞き漏らしがないか確認してもらうとさらに確実です。聞き取れなかった部分があればこのタイミングで改めて質問してください。聞き返すと失礼になるのではと心配する人もいますが、中途半端な理解で仕事を進められる方が指示した側からすると困ってしまいますので、わからないことを質問してもらえた方がありがたいものです。

聞き返しが頻繁になりそうな場合は配慮事項として事前に職場に伝えて対応をお願いしておくのも良いでしょう。

聞いたことの理解に時間がかかってしまう人は、一度指示を受けたらひとりで自分で書いたメモを読み返しながら聞いた内容を確認し直します。わからなかったことはメモに印をつけておき、後でまとめて質問しましょう。このようにすれば、指示する人の時間を必要以上に使うことなく、十分理解するための時間を取ることができます。

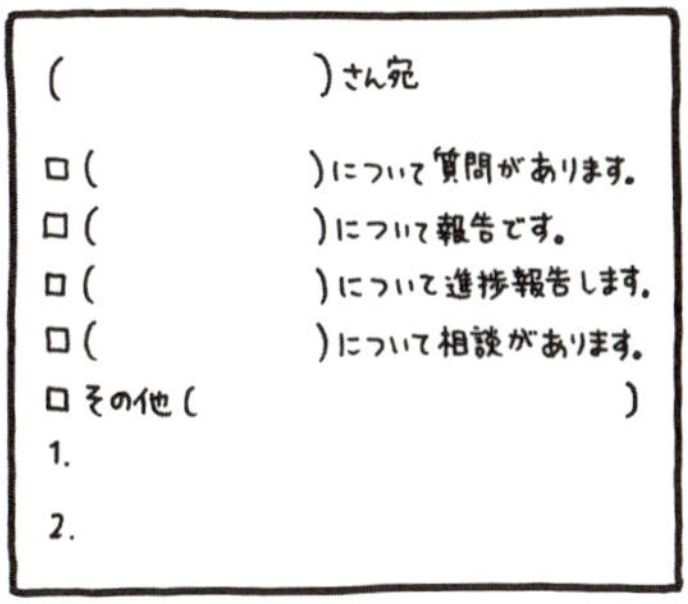
(　　　)さん宛
□(　　　)について質問があります。
□(　　　)について報告です。
□(　　　)について進捗報告します。
□(　　　)について相談があります。
□その他(　　　)
1.
2.

■アドバイス4　話すことに難しさのある方へ

話したいことをうまくまとめて話せない人は、時間に余裕のある時には自分の話したいことを**事前にメモでまとめてから質問や相談に行く**ことをおすすめします。話したいことがいくつあるか整理しておくと、メモを見ながら話すことで伝え漏れが減ります。

また何についての話をするのかを最初に伝え

られるように話の**「小見出し」**を考えておくと、聞き手にとっても話がわかりやすくなりますし、話す側も自分が何を話せばよいか明確になり話がしやすくなります。電話を受ける時に使う伝言メモが市販されていますが、同じようなことを行うイメージです。

言いたいことを整理して伝える練習をして少しずつうまくなっても、急に話を振られて答えなければならない場面では苦手感は続くと思います。しかし接客などの臨機応変さを求められる職種を避ければ、どうしてもその場で答えなければいけないような用件はそこまで多くないのではと思います。

「少し待っていただいてもよろしいですか？」「確認してお伝えします」などと答え、一旦考える時間をもらって対応するようにしましょう。

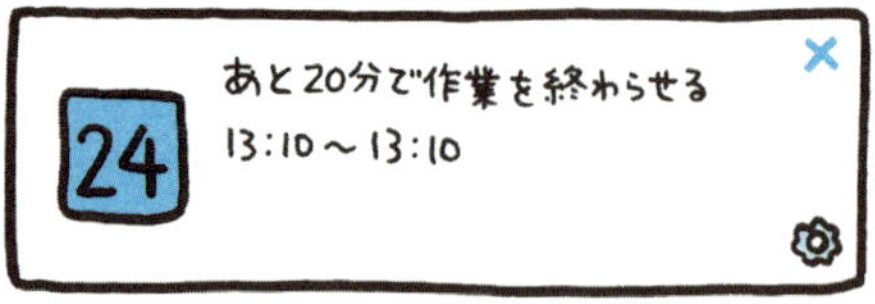

■アドバイス5　数の理解や計算に難しさのある方へ

数字が関わると業務でミスが増えてしまう人は、数字を扱わないことはなかなか難しいかもしれませんが、**作業の仕方を工夫することで数字を扱う負荷を最小限に減らす**ことができないか検討しましょう。

例えばＥｘｃｅｌなどの表計算ソフトに数字を直接入力するとたくさん入力間違いがあった人も、入力を選択式にしてプルダウンメニューから選ぶ形にしたところ大きくミスが減ったりします。

また時計を見ても作業の残り時間がイメージできない場合は、作業中に時計を見て残り時間を何度も計算する必要がないように、ＰＣやスマートフォンの機能を活用して、作業終了時間の30分前などにポップアップやバイブレーションで知らせるよう設定しておくのもよいでしょう。

シンプルに、例えば「15時で作業を完了させる」と書いた付箋をＰＣモニタや時計に貼っておくだけでも気づきやすくなります。

おわりに

最後に親として14年、支援者として8年続けてきた経験をもとにこの本を終えたいと思います。

結局のところ、いちばん大事なのは親が前向きに過ごすことです。

この本を読んだ方の多くは発達障害のことを知りたくて、どのように我が子と向き合うかを知りたくて、ページをめくっていただいたのではないかと思います。

これまで支援者として発達障害の方に1万人ほど会ってきたかもしれません。うまく支援ができたこともありますが、例えば今日のように失敗してしまうこともあります。見立てがうまく行かず、こちらの支援のカードも限られていて、心を許してもらえない、気づきを受け取ってもらえないことが続きました。

しかし数十人にお会いした時に感じた印象と、数百人にお会いした後に、そして数千人にお会いした上で感じた印象。徐々に自分の中で理解が深まり、短時間で厚みを増した支援ができる頻度が高くなってきています。

では親として発達障害の特徴のある子に上手に接することができるようになったかというと、それはまた別の話です。振り返ると、特に支援を始めた当初は、自分の中で深まる発達障害についての理解を、子どもに接する時に過度に使っていたような気がしています。

親は支援者ではありません。親の役割と支援者の役割を使い分けることは、簡単なことではありません。発達障害のことを知れば知るほど、むしろ子どもと距離が離れてしまっているような例もいくつも聞いたことがあります。

支援者はたくさんいます。でも親はあなただけです。私自身もその違いや、発達障害の理解の深さの使い方を知ってから、親としても支援者としても混乱がなくなった気がしています。

この本は親を支援者にしたくてまとめた本ではありません。駆使できる支援技術を探すためというよりも、親としていちばん大事だと私が感じている、明るい未来を信じて子どもにその光を照らし続けることに使ってほしいと思います。

この本の元となったニュースレターのQ&Aは、この数年、この本の共同執筆者でもある飯島と一緒に書いてきました。小さな会社を経営しながら毎月10人前後の質問に向き合うのは案外大変なものです。時間がない中でもほそぼそと書き続けられたのは、互いの仕事を意識しながら半ば競い合うようにしてQ&Aに取り組んできたことが大きいと思います。これからもコツコツ続けていきたいものです。

また大和書房の小宮様は、まだ誰も当社のことを知らなかった創業期からお声がけをいただいていました。なかなか世に出すようなご提案ができなかったのですが、お会いして9年目で初めて形になるものを一緒に作り上げることができました。「Q&Aをまとめた本は通常は出さないのですが、このニュースレターのQ&Aには何か感じるものがある」ということを小宮様からお話頂いた時、「見てくれている人は見てくれるのだなぁ」と嬉しく感じました。初めての一緒にするお仕事でしたが、企画の段階から信頼しきってお任せでき、心より感謝しています。ありがとうございました。当社の社是の一つに、取引先を発達障害の魅力に巻き込む、というものがあります。ぜひまたお仕事でご一緒したいものです。

鈴木慶太（すずき・けいた）

株式会社 Kaien 代表取締役。2000年東京大学経済学部卒。NHKアナウンサーとして報道・制作を担当。2007年からKellogg（ノースウェスタン大学ケロッグ経営大学院）留学、MBA取得。渡米中、長男の診断を機に発達障害の能力をいかしたビジネスモデルを研究。帰国後、2009年に株式会社Kaienを創業、現在同代表取締役。

飯島さなえ（いいじま・さなえ）

株式会社 Kaien 教育事業担当 取締役・執行役員。2011年中央大学文学部卒。成人の自閉・知的障害者の通所施設（生活介護・就労継続B型）で3年間支援員として勤務。2014年、株式会社Kaienに入社。放課後等デイサービスTEENSで発達障害のある子どもの直接指導、プログラム開発を行なう。現在は取締役・執行役員として教育事業部を担当する。

知《し》ってラクになる!

発達障害《はったつしょうがい》の悩《なや》みにこたえる本《ほん》

2018年5月10日　第1刷発行
2019年2月15日　第3刷発行

著　者　　鈴木慶太《すずきけいた》＋飯島《いいじま》さなえ
発行者　　佐藤　靖
発行所　　大和《だいわ》書房
　　　　　東京都文京区関口1-33-4
　　　　　電話03-3203-4511
イラスト　坂木浩子
装　丁　　小口翔平＋岩永香穂(tobufune)
本文印刷　光邦
カバー印刷　歩プロセス
製　本　　ナショナル製本

ISBN978-4-479-78421-0

http://www.daiwashobo.co.jp

＊本書掲載の質問はTEENS「ニュースレター」に寄せられた質問にプライバシーに配慮し内容を一部変更してあります。